जनसम्पर्क के विविध आयाम

जनसम्पर्क के विविध आयाम

लेखक

प्रो. पवित्र श्रीवास्तव

डीन, अकादमिक एवं विभागाध्यक्ष

विज्ञापन एवं जनसम्पर्क विभाग

माखनलाल चतुर्वेदी राष्ट्रीय

पत्रकारिता एवं संचार विश्वविद्यालय, भोपाल

एवं

प्रो. सी. के. सरदाना

पूर्व प्राध्यापक एवं विभागाध्यक्ष

माखनलाल चतुर्वेदी राष्ट्रीय

पत्रकारिता एवं संचार विश्वविद्यालय, भोपाल

एवं सेवानिवृत्त महाप्रबन्धक, जनसम्पर्क, बी.एच.ई.एल., नयी दिल्ली

लोकभारती प्रकाशन

लोकभारती प्रकाशन
पहली मंजिल, दरबारी बिल्डिंग, महात्मा गाँधी मार्ग
प्रयागराज-211 001

वेबसाइट : www.lokbhartiprakashan.com
ईमेल : info@lokbhartiprakashan.com

शाखाएँ : 1-बी, नेताजी सुभाष मार्ग, दरियागंज
नयी दिल्ली-110 002
अशोक राजपथ, साइंस कॉलेज के सामने
पटना-800 006 (बिहार)
36-ए, शेक्सपियर सरणी
कोलकाता-700 017 (पं. बंगाल)

मूल्य : ₹ 400

प्रथम संस्करण : 2019

आस्था पेपर कन्वर्टर
प्रयागराज द्वारा मुद्रित

JANSAMPARK KE VIVIDH AYAM
by Prof. Pavitra Shrivastva
Prof. C.K. Sardana

ISBN : 978-93-88211-55-0

विषय सूची

प्राक्कथन

पूरे विश्व को एक सूत्र के रूप में जोड़ने में संचार एवं जनसम्पर्क की महत्त्वपूर्ण भूमिका रही है। इक्कीसवीं शताब्दी में तेजी से हो रहे परिवर्तन के दौर ने विभिन्न क्षेत्रों में खासा बदलाव किया है जिससे जनसम्पर्क का क्षेत्र भी अछूता नहीं रहा है। आज जनसम्पर्क अपने परम्परागत तरीकों से हटकर रणनीतिक जनसम्पर्क में परिवर्तित हो गया है जिसमें पहले से अधिक जनप्रतिबद्धता एवं जवाबदेही समाहित है। शासन के साथ-साथ सार्वजनिक उपक्रमों, निजी संगठनों तथा सेवा क्षेत्र में भी जनसम्पर्क का विस्तार पहले से अधिक हुआ है। विभिन्न क्षेत्रों में प्रशिक्षित एवं पेशेवर जनसम्पर्ककर्मियों की माँग तेजी से बढ़ी है।

अकादमिक क्षेत्र में भी जनसंचार शिक्षा के अन्तर्गत जनसम्पर्क एक पृथक् अनुशासन के रूप में विकसित हुआ है और देश के तमाम विश्वविद्यालयों में जनसम्पर्क पर आधारित पाठ्यक्रम भी प्रारम्भ हुए हैं। जनसम्पर्क के इस अकादमिक विस्तार को देखते हुए जनसम्पर्क विषय पर आधारित अच्छी पुस्तकों की आवश्यकता महसूस की जा रही है। वर्तमान में जनसम्पर्क पर अच्छी पुस्तकें अंग्रेजी भाषा में ही उपलब्ध हैं। हिन्दी एवं क्षेत्रीय भाषाओं में अच्छी पुस्तकों की माँग लगातार बनी हुई है।

मुझे खुशी है कि माखनलाल चतुर्वेदी राष्ट्रीय पत्रकारिता एवं संचार विश्वविद्यालय के जनसम्पर्क के प्राध्यापक प्रो. पवित्र श्रीवास्तव एवं जनसम्पर्क के क्षेत्र में पाँच दशकों से अधिक समय से सक्रिय प्रो. चन्द्र कान्त सरदाना ने मिलकर जनसम्पर्क के विविध आयामों पर केन्द्रित पुस्तक लिखी है। यह पुस्तक देश के विभिन्न विश्वविद्यालयों एवं महाविद्यालयों में संचालित पत्रकारिता, जनसंचार एवं जनसम्पर्क पाठ्यक्रमों के विद्यार्थियों के लिए उपयोगी है। साथ-ही-साथ यह जनसम्पर्क व्यवसाय से जुड़े व्यक्तियों एवं जनसम्पर्क अध्यापन कार्य कर रहे शिक्षकों और शोधार्थियों के लिए भी उपयोगी है। प्रो. पवित्र श्रीवास्तव ने दो दशकों में जनसम्पर्क शिक्षण के दौरान जनसम्पर्क के सैद्धान्तिक पक्ष एवं नवीनतम शोधों को गहराई से

समझा है, वहीं प्रो. चन्द्रकान्त सरदाना ने अपने लम्बी जनसम्पर्क सेवा के दौरान जनसम्पर्क के व्यावहारिक पक्ष का जमीनी अनुभव प्राप्त किया है। लेखकद्वय के उक्त अनुभव से तैयार हुआ सिद्धान्त एवं व्यवहार का अनूठा संगम जनसम्पर्क शिक्षकों, शोधार्थियों एवं विद्यार्थियों के लिए मददगार होगा, ऐसा मेरा विश्वास है।

पुस्तक में जनसम्पर्क की परिचयात्मक अवधारणा एवं विकास के साथ-साथ सैद्धान्तिक पक्ष पर भी प्रकाश डाला गया है। जनसम्पर्क की सबसे महत्त्वपूर्ण कड़ी जनसम्पर्क के जन होते हैं। पुस्तक में जनसम्पर्क जनों को विभिन्न उदाहरणों के माध्यम से स्पष्ट किया गया है। विभिन्न क्षेत्रों में जनसम्पर्क की संगठनात्मक संरचना पर भी प्रकाश डाला गया है। जनसम्पर्क के उपकरणों के प्रभावी उपयोग को भी पुस्तक में समाहित किया गया है। जनसम्पर्क के महत्त्वपूर्ण उपकरण विज्ञापन को भी पृथक् अध्यायों में स्पष्ट करने का प्रयास किया गया है। विदेशों में हो रही जनसम्पर्क गतिविधियों को भी रेखांकित किया गया है। पारम्परिक विधाओं के साथ-साथ सोशल मीडिया जैसे आधुनिक माध्यमों को जनसम्पर्क हेतु उपयोग करने के विभिन्न तरीकों का भी इस पुस्तक में समावेश किया गया है इसके साथ-साथ कुछ प्रमुख केस स्टडी एवं जनसम्पर्क में प्रयुक्त होनेवाली शब्दावलियों के माध्यम से भी जनसम्पर्क गतिविधियों को समझाने का प्रयास है।

मुझे प्रसन्नता है कि जनसम्पर्क के क्षेत्र में रुचि रखनेवाले हर व्यक्ति के लिए एक अच्छी पुस्तक हिन्दी भाषा में उपलब्ध हो रही है। मैं पूर्ण विश्वास से कह सकता हूँ कि यह पुस्तक सुधी पाठकों को जनसम्पर्क का सम्पूर्ण परिचय देने के साथ-साथ जनसम्पर्क के कौशलों को सिखाने में सहायक सिद्ध होगी। मैं इस पुस्तक के दोनों लेखकों के साथ-साथ पुस्तक के प्रकाशक लोकभारती प्रकाशन, इलाहाबाद को भी साधुवाद देता हूँ।

के. जी. सुरेश
महानिदेशक,
भारतीय जनसंचार संस्थान,
नई दिल्ली

प्रस्तावना

आधुनिक समय में जनसम्पर्क एक विकसित अनुशासन के रूप में वैश्विक जगत में अपनी पहचान बना रहा है। शासन के साथ-साथ निजी एवं सार्वजनिक क्षेत्रों में जनसम्पर्क का तेजी से विस्तार हुआ है। भारत में आज वित्त प्रबन्धन, विपणन, मानव संसाधन जैसे क्षेत्रों के साथ-साथ जनसम्पर्क को भी व्यावसायिक संगठनों में विशेष स्थान दिया जा रहा है। आज किसी भी नये व्यावसायिक संगठन की स्थापना के दौरान जनसम्पर्क को एक विभाग के रूप में प्रारम्भ से ही स्थापित किया जा रहा है। जनसम्पर्क के इस बढ़ते प्रभाव से विभिन्न व्यावसायिक एवं शासकीय संगठनों में कुशल एवं दक्ष जनसम्पर्क कर्मियों की माँग तेजी से बढ़ी है। जनसम्पर्क के व्यापक विस्तार को देखते हुए शैक्षणिक संस्थाओं में जनसम्पर्क पर विशिष्ट पाठ्यक्रम प्रारम्भ किये हैं। इन पाठ्यक्रमों की सैद्धान्तिक एवं व्यावहारिक आवश्यकताओं की पूर्ति के लिए पुस्तक 'जनसम्पर्क के विविध आयाम' का प्रकाशन किया गया है। हमारी पुस्तक में जनसम्पर्क विधा के समस्त क्षेत्रों के सैद्धान्तिक एवं व्यावहारिक पक्ष को बीस अध्यायों में विभाजित किया गया है। पुस्तक के प्रारम्भिक अध्याय जनसम्पर्क के परिचय एवं विकास क्रम से सम्बन्धित हैं। शुरुआती कुछ अध्यायों में जनसम्पर्क की कार्य प्रणाली एवं जनसम्पर्क के क्षेत्रों का परिचय दिया गया है। कुछ अध्यायों में जनसम्पर्क के कार्यों एवं उपयोग में आनेवाले उपकरणों को समझाया गया है। अन्त के अध्यायों में जनसम्पर्क की संभावना एवं चुनौतियों पर प्रकाश डाला गया है। साथ में केस स्टडी के माध्यम से विषय को और अधिक प्रभावशाली बनाने का प्रयास किया गया है।

पुस्तक के प्रथम पाँच अध्याय जनसम्पर्क के परिचय, विकास क्रम, सैद्धान्तिक विवेचना, मीडिया एवं संचार से सम्बन्धित हैं। जनसम्पर्क की परिचयात्मक अवधारणा को स्पष्ट करने के लिए पाश्चात्य एवं भारतीय विद्वानों के विचारों का समावेश किया गया है। जनसम्पर्क के उद्भव एवं विकास को भारतीय सन्दर्भो

में रेखांकित किया गया है। पाश्चात्य विद्वानों द्वारा विकसित जनसम्पर्क के सिद्धान्तों की व्याख्या को प्रारम्भिक अध्याय में समाहित किया गया है। इसके साथ जनसम्पर्क गतिविधियों के लिए मीडिया के अन्तरसम्बन्धों की व्याख्या भी प्रस्तुत की गयी है। आगामी पाँच अध्यायों में जनसम्पर्क के जन, सार्वजनिक एवं निजी क्षेत्रों में जनसम्पर्क तथा कार्पोरेट सामाजिक दायित्वों की विवेचना की गयी है। जनसम्पर्क को समझने के लिए 'जन' को समझना आवश्यक है। इस दृष्टि से आन्तरिक एवं बाह्य जनों पर पृथक्-पृथक् अध्याय पुस्तक में प्रस्तुत किये गये हैं। भारत में सार्वजनिक क्षेत्रों में जनसम्पर्क का व्यापक विस्तार हुआ है, अतः सार्वजनिक क्षेत्रों में जनसम्पर्क की विस्तृत व्याख्या समाहित की गयी है। साथ ही, गैर सरकारी एवं कार्पोरेट जगत् में भी जनसम्पर्क की गतिविधियों को पृथक् अध्यायों में प्रस्तुत किया गया है। वर्तमान समय सोशल मीडिया का है। इस दृष्टि से जनसम्पर्क एवं सोशल मीडिया को भी पृथक् अध्याय में समझाया गया है।

अगले पाँच अध्यायों में प्रभावशाली संचार, लेखन, छवि निर्माण, प्रचार-प्रसार एवं प्रदर्शनी से सम्बन्धित हैं। जनसम्पर्क की सफलता प्रभावशाली संचार पर निर्भर करती है। अतः प्रभावी संचार एवं लेखन कला को एक पूर्ण अध्याय में प्रस्तुत किया गया है। भारत एवं विदेशों में जनसम्पर्क के माध्यम से किये गये छवि निर्माण कार्यों की भी विवेचना की गयी है। जनसम्पर्क के प्रभावी उपकरण के रूप में प्रदर्शनी को एक विशिष्ट अध्याय में प्रस्तुत किया गया है।

शेष पाँच अध्याय जनसम्पर्क की सम्भावनाओं एवं चुनौतियों के साथ-साथ विज्ञापनों पर आधारित किये गये हैं। विज्ञापन जनसम्पर्क का एक विशिष्ट कार्य है। इस दृष्टि से विज्ञापनों को दो विशिष्ट अध्यायों में विश्लेषित किया गया है। वर्तमान समय में जनसम्पर्क की सम्भावनाओं एवं चुनौतियों से भी अवगत कराया गया है। पुस्तक के अन्त में कुछ केस स्टडी के माध्यम से जनसम्पर्क कार्य प्रणाली को समझाने का प्रयास किया गया है। कुल मिलाकर इस पुस्तक में उन सभी पहलुओं का समावेश किया गया है जो जनसम्पर्क कार्य के लिए आवश्यक हैं। यह पुस्तक अपने उद्‌देश्यों के अनुरूप देश के विभिन्न महाविद्यालयों एवं विश्वविद्यालयों में अध्ययनरत छात्र-छात्राओं के साथ-साथ जनसम्पर्क कार्यों में लगे हुए युवक-युवतियों के लिए अत्यधिक उपयोगी हो, ऐसा प्रयास हमारी ओर से किया गया है। इस पुस्तक को तैयार करने में वरिष्ठ पत्रकार श्री चन्द्रकान्त नायडू ने हमें सहयोग दिया। श्री नायडू ने पुस्तक के लिए अंग्रेजी पाठ्य सामग्री को हिन्दी में रचनात्मक रूप से प्रस्तुत करने में अपना महत्त्वपूर्ण योगदान दिया।

हमें विश्वास है कि जनसम्पर्क विशेषज्ञों एवं समीक्षकों से हमें व्यावहारिक सुझाव प्राप्त होंगे और आगे के संस्करण में हम इसे और अधिक बेहतर बनाने का प्रयास करेंगे।

धन्यवाद !

प्रो. पवित्र श्रीवास्तव
प्रो. सी. के. सरदाना

अध्याय 1

जनसम्पर्क का परिचय

आज के युग में जनसम्पर्क एक सर्वमान्य शब्द है। शासकीय एवं निजी क्षेत्र के साथ-साथ सार्वजनिक तथा सेवा क्षेत्रों में भी जनसम्पर्क का तेजी से विस्तार हुआ है। आर्थिक उदारीकरण के बाद भारत में जनसम्पर्क के क्षेत्र में अभूतपूर्व प्रगति हुई है। जनसम्पर्क दो शब्दों से मिलकर बना है 'जन' तथा 'सम्पर्क'। 'जन' से आशय लक्षित समूह वर्ग से है। वहीं 'सम्पर्क' से आशय सौद्‌देश्य संवाद स्थापित करने से है। इस तरह लक्षित समूह वर्ग से जानकारियों और योजनाओं के साथ स्वीकार्यता बनाने के उद्‌देश्य से किया जानेवाला प्रयास जनसम्पर्क है।

ब्रिटिश जनसम्पर्क संस्थान के अनुसार—जनसम्पर्क विवेक़युक्त, योजनाबद्ध तथा सतत प्रयास द्वारा संगठन और उसकी जनता के बीच परस्पर सहमति बनाये रखना है।

आर्थर आर. रॉलमैन के अनुसार—"जनसम्पर्क द्विपक्षीय सम्प्रेषण है, जिसमें सहमति का आधार सम्पूर्ण सत्य, ज्ञान एवं पूर्ण सूचनाएँ होती हैं जिनसे तनाव कम और आपसी सौहार्द्र की उत्पत्ति अधिक होती है।"

बट्रेण्ड आर. केनफील्ड एवं एच. फ्रेजियर के अनुसार—"अपनी जनता के साथ पारस्परिक सहमति एवं साख बनाने के लिए अपनी नीतियों एवं कार्य-व्यवहार सम्बन्धी द्विपक्षीय सम्प्रेषित प्रबन्ध व्यवस्था का सामाजिक दर्शन ही जनसम्पर्क है।"

सैम ब्लेक के अनुसार—जनसम्पर्क विभिन्न सामाजिक विज्ञानों का सम्मिश्रण है जो व्यक्ति और समूह की प्रतिक्रिया से अवगत कराता है तथा सम्प्रेषण का वह विज्ञान है जो तनाव रहित सम्बन्धों की स्थापना कर सहमति प्रदान करता है।

अन्तरराष्ट्रीय जनसम्पर्क परिषद् के अनुसार—जनसम्पर्क एक ऐसी व्यवस्थापिकीय प्रक्रिया है जो सरकार या निजी संस्थाओं में सतत एवं योजनाबद्ध प्रयासों द्वारा अपनी नीतियों से व्यापक सूचनाओं एवं कार्यविधियों से अपने प्रति सहमति, सहानुभूति और समर्थन प्रदान करती है।

बर्टजोलो के अनुसार– जनसम्पर्क वह चेतन प्रयास है जिससे बिक्री में वृद्धि तथा संस्था एवं उसके उत्पादन के प्रति जनता में ऐसा वातावरण बने कि संस्था का सन्देश बिना विज्ञापन के उचित विधि से, उचित समय पर उचित उपभोक्ताओं एवं जनसमूहों तक पहुँचे।

प्रसिद्ध विचारक वेवेस्टर के अनुसार–व्याख्यात्मक सामग्री द्वारा किसी व्यक्ति, पर्व अथवा संस्था का घनिष्ठ सम्बन्ध दूसरे व्यक्तियों, जनता या समुदाय विशेष के साथ स्थापित करते हुए पड़ोसी की भाँति उनमें आपसी विचारों का आदान-प्रदान तथा उसकी प्रतिक्रिया जायजा लेना जनसम्पर्क है।

इस तरह जनसम्पर्क विवेक के साथ योजना बनाकर किया गया एक ऐसा समन्वित एवं सतत प्रयास है जो किसी संस्थान और उसके जन के बीच साझा समझ और परस्पर सहमति बनाने का कार्य करता है। यह एक ऐसा अनुशासन है जिसमें कला और विज्ञान का समन्वित रूप शामिल है। सैद्धान्तिक रूप से तो यह कला है परन्तु व्यावहारिक धरातल पर यह विज्ञान है। यह एक ऐसी प्रक्रिया है जो सूचना और सम्प्रेषण का एक सुगम प्रवाह विकसित करती है जिसके फलस्वरूप संगठन में सामंजस्य स्थापित होता है। यह किसी व्यक्ति या संस्थान के पक्ष में पूर्ण सकारात्मकता के साथ जनमत जुटाने का कार्य भी करता है। कुल मिलाकर हम कह सकते हैं कि–

1. जनसम्पर्क एक द्विपक्षीय सम्प्रेषण है। यह किसी संस्थान के आन्तरिक एवं बाह्य जन को संगठन के साथ घनिष्ठ रूप से जोड़ने का कार्य करता है। एक ओर तो यह संस्थान के पक्ष से उसकी जनता को अवगत कराता है, वहीं जनता से प्राप्त जानकारियों को प्रबन्धन तक पहुँचाने का कार्य करता है। यह आर्थिक सौहार्द की स्थिति विकसित करने का एक जरिया है।

2. जनसम्पर्क किसी संगठन की नीतियों से लक्षित जन को अवगत कराता है और यह प्रयास करता है कि संस्थान की सभी इकाइयाँ मिलकर कार्य करें।

3. जनसम्पर्क जनहित में किसी व्यवसाय की नीतियों तथा उसके क्रियान्वयन में जारी कार्यक्रमों को जनता तक पहुँचाने का कार्य करता है।

4. जनसम्पर्क किसी संगठन की समस्या एवं आपदाओं के निवारण में सराहनीय भूमिका अदा करते हुए ऐसा प्रयास करता है कि संस्था की छवि को किसी प्रकार की क्षति न पहुँचे।

जनसम्पर्क के कार्य

1. मीडिया से सम्पर्क स्थापित करना–समाचारों, प्रेस विज्ञप्तियों, पत्रकार वार्त्ताओं आदि के माध्यम से मीडिया से सतत सम्पर्क का कार्य जनसम्पर्क करता है।

2. लेखन एवं सम्पादन—समाचारों, प्रेस विज्ञप्तियों, गृह पत्रिकाओं, रेडियो, टेलीविजन आदि के लिए लेखन के साथ-साथ सम्पादन आदि का कार्य भी जनसम्पर्क द्वारा किया जाता है।

3. प्रचार-प्रसार—विभिन्न अवसरों पर जनमाध्यमों का उपयोग करते हुए संस्थान की नीतियों एवं उपलब्धियों के प्रचार-प्रसार की जिम्मेदारी जनसम्पर्क की होती है।

4. विज्ञापन—शासकीय अथवा अशासकीय संगठनों की ओर से जारी किये जानेवाले विज्ञापनों का निर्माण एवं विभिन्न माध्यमों में उन्हें प्रकाशित एवं प्रसारित करने का दायित्व जनसम्पर्क का होता है।

5. छवि निर्माण—जनसम्पर्क द्वारा ऐसे प्रयास किये जाते हैं कि किसी संगठन की उपलब्धियों का व्यापक प्रचार-प्रसार किया जाये जिससे संस्थान की छवि बेहतर हो सके। जनसम्पर्क द्वारा ऐसे सतत प्रयास किये जाते हैं कि संगठन की छवि दिनों-दिन बेहतर एवं स्वीकार्य होती जाये।

6. आपदा प्रबन्धन—किसी आपदा अथवा संकट के समय जनसम्पर्क का दायित्व होता है कि वह सूचना प्रबन्धन इस तरह करे कि संगठन को आपदा से निपटने में मदद मिले। साथ ही संगठन की छवि धूमिल न हो।

7. जनमत निर्माण—जनमत निर्माण का दायित्व भी जनसम्पर्क का होता है। जनसम्पर्ककर्त्ता यह अध्ययन करता है कि संगठन द्वारा जो भी किया गया है उसके प्रति जनता में क्या धारणा बनी है और उसमें क्या सुधार किया जा सकता है।

जनसम्पर्क एवं प्रोपेगैण्डा

जनसम्पर्क का आधार सत्य सूचनाएँ और यथार्थ होता है। जबकि प्रोपेगैण्डा अपने आपको किसी उद्‌देश्य तक सीमित रखता है। प्रोपेगैण्डा का उद्‌देश्य छद्‌म तरीके से किसी विचार के प्रति लोगों को आकर्षित करना है। प्रोपेगैण्डा एकपक्षीय सम्प्रेषण है जबकि जनसम्पर्क द्विपक्षीय सम्प्रेषण है। जनसम्पर्क का प्रभाव व्यापक और निश्चित परिणाम देने वाला होता है। जनसम्पर्क में हम झूठ एवं नकारात्मक तथ्यों को शामिल नहीं करते हैं जबकि प्रोपेगैण्डा में ऐसा सम्भव होता है।

जनसम्पर्क एवं प्रचार

प्रचार का कार्य एवं उद्‌देश्य जनता को कुछ तथ्यों एवं कार्यक्रमों की जानकारी देना होता है। प्रचार का मुख्य ध्येय उस वस्तु अथवा विचार की ओर होता है जिसका हम प्रचार कर रहे हैं। प्रचार का अगला कदम जनसम्पर्क होता है। प्रचार के माध्यम से जो अभिमत बनता है तथा जिस तरह का छवि निर्माण

होता है या जो प्रतिक्रिया प्राप्त होती है उसे संगठन तक पहुँचाने का कार्य जनसम्पर्क का होता है।

जनसम्पर्क के माध्यम

जनसम्पर्क के विभिन्न माध्यम व उपकरण होते हैं। सामान्यतः जनसम्पर्क के लिए विभिन्न जनसंचार माध्यमों का उपयोग किया जाता है जिसमें मुख्य रूप से समाचार-पत्र, पत्रिकाएँ, रेडियो, टेलीविजन, सिनेमा आदि शामिल हैं। इसके अतिरिक्त लोक एवं परम्परागत माध्यमों जैसे कठपुतली, नुक्कड़ नाटक, लोकनृत्य, लोकगीत आदि के माध्यम से भी जनसम्पर्क किया जाता है। आधुनिक समय में डिजिटल मीडिया का चलन तेजी से बढ़ा है। इसके अन्तर्गत हम सोशल मीडिया, मल्टीमीडिया, वेबसाइट्स, ई-मेल, ब्लॉग आदि को शामिल कर सकते हैं। बाह्य प्रदर्शन माध्यमों के अन्तर्गत होर्डिंग्स, बैनर, पोस्टर तथा यातायात के साधनों का उपयोग भी जनसम्पर्क के लिए किया जाता है।

इसके अतिरिक्त विज्ञापन भी जनसम्पर्क का सशक्त माध्यम है। विज्ञापनों के द्वारा संस्थान के कार्यक्रमों एवं जानकारियों के सम्प्रेषण का कार्य किया जाता है। गृह पत्रिका भी जनसम्पर्क का एक महत्त्वपूर्ण उपकरण है। गृह पत्रिकाओं एवं न्यूज लेटर के माध्यम से संगठन के लक्षित जनसमूह के साथ संवाद स्थापित किया जाता है। आवश्यकतानुसार प्रदर्शनी का उपयोग भी जनसम्पर्क के उपकरण के रूप में किया जाता है।

अध्याय 2

जनसम्पर्क का विकास

समाज मनुष्य के सामाजिक सम्बन्धों का जाल है और सामाजिक संगठन इन सम्बन्धों का आधार होता है। यह सामाजिक संगठन सम्प्रेषण की एक कड़ी से जुड़ा होता है। इस तरह सामाजिक प्रक्रिया और सम्प्रेषण का घनिष्ठ सम्बन्ध होता है। विशेषकर उस देश में जहाँ शासन लोकतान्त्रिक प्रणाली द्वारा संचालित होती है। आज के औद्योगिक युग में बुद्धिमत्तापूर्ण सूचनाओं को विभिन्न तकनीकों द्वारा जनता तथा विशिष्ट जनता तक पहुँचाना ही सम्प्रेषण का प्रमुख कार्य है। इसी के दौरान सूचना प्रबन्धन के उद्‌देश्य से विभिन्न संस्थाओं द्वारा 'सूचना एवं जनसम्पर्क विभाग' स्थापित किये गये। औद्योगिक क्रान्ति के दौरान सूचना प्रबन्धन के उद्‌देश्य से स्थापित ये विभाग आज कॉरपोरेट कम्युनिकेशन विभाग में परिवर्तित हो गये हैं। सूचना प्रबन्धन का प्रारम्भिक दौर प्रोपेगैण्डा तथा प्रचार आधारित था जो एकपक्षीय सम्प्रेषण था। औद्योगिक संस्थाओं ने इसके महत्त्व कोू समझा एवं इसे व्यापक परिप्रेक्ष्य में देखते हुए जनसम्पर्क में तब्दील किया। इक्कीसवीं शताब्दी में जनसम्पर्क अब कॉरपोरेट कम्युनिकेशन जैसे बहुआयामी विधा में परिवर्तित हो गया जिसमें सूचना, प्रबन्धन, छवि निर्माण, विपणन सहयोग, मीडिया सम्बन्ध और जनसम्पर्क जैसे अन्य बहुत से कार्य शामिल हैं। अनेक विद्वान् आधुनिक जनसम्पर्क को ही कॉरपोरेट कम्युनिकेशन की संज्ञा दे रहे हैं।

आधुनिक जनसम्पर्क की शुरुआत अमेरिका में हुई और सरकारी तौर पर जनसम्पर्क पर विशेष ध्यान दिया गया। राष्ट्रपति विल्सन ने अपनी सरकार के लिए अप्रैल 1917 में एक कमेटी गठित की जिसका कार्य था जनसम्पर्क अर्थात् पब्लिक इनफॉर्मेशन को सुलभ बनाना। परन्तु वास्तव में यह कार्य राष्ट्रपति विल्सन की नीतियों और कार्यों को योजनाबद्ध तरीके से प्रचारित करने के उद्‌देश्य से किया गया था। इस समिति के अध्यक्ष अमेरिका के प्रख्यात पत्रकार जार्ज क्रील थे। यह कमेटी जनसम्पर्क के इतिहास में क्रील कमेटी के नाम से प्रसिद्ध हुई। इस कमेटी ने एक सदस्य प्रसिद्ध मनोवैज्ञानिक सिग्मण्ड फ्राइड का भतीजा एडवर्ड एल वर्नेस था जिसने

1923 में दुनिया के पक्ष को मुखरित करनेवाली पुस्तक 'क्रिस्टलाइजिंग पब्लिक ओपीनियन' लिखी जो बड़ी लोकप्रिय हुई। जनसम्पर्ककर्त्ताओं को इससे सैद्धान्तिक एवं व्यावहारिक दिशा मिली। जनमत की आवश्यकता और उसे प्राप्त करने की तकनीक और माध्यमों पर इस पुस्तक में अच्छा प्रकाश डाला गया। औद्योगिक घरानों में जनसम्पर्क को स्थापित करने में आईवीली का योगदान महत्त्वपूर्ण है। उसे आधुनिक जनसम्पर्क का जनक भी माना जाता है। आईवीली ने पार्कर एंड ली फर्म में कार्य करते हुए अपने व्यवहार, वाकपटुता और कार्यकुशलता से अमेरिकी उद्योगपतियों से अपनी जबरदस्त साख पैदा की। उसने व्यापारिक जगत् को यह सन्देश दिया कि जनता की अपेक्षा के स्थान पर जनता को बताया जाये कि नीति पर चलकर ही व्यावसायिक सफलता हासिल की जा सकती है। 1919 में जॉन सी राकफैलर (जूनियर) ने उसे अपना जनसम्पर्क प्रभाव के चलते जॉन सी रॉकफेलर का व्यक्तित्व लोगों की नज़रों में बदला। इस तरह आईवीली जनसम्पर्क के महत्त्व को स्थापित करनेवाला पहला व्यक्ति बना।

अमेरिका की प्रसिद्ध व्यापारिक पत्रिका 'फार्च्यून' ने 1938 में पहली बार जनसम्पर्क की आवश्यकता की वकालत की तथा 1949 में जनसम्पर्क क्षेत्र में व्यापक सर्वेक्षण कराया। मई 1949 के अंक में प्रकाशित अपनी रिपोर्ट में पत्रिका ने विश्लेषित किया कि अमेरिका का व्यापार जगत् मुसीबतों में है और इसके उज्ज्वल भविष्य को स्थापित करने का एकमात्र साधन जनसम्पर्क है। 1944 में पब्लिक रिलेशन्स न्यूज एवं 'पीआर जर्नल' नामक प्रकाशन अमेरिका में प्रकाशित होने लगा। 1948 में पूर्व स्थापित अनेक संगठनों द्वारा मिलकर अमेरिका में 'पब्लिक रिलेशन्स सोसाइटी ऑफ अमेरिका' की स्थापना हुई। 1955 में जनसम्पर्क व्यवहार के उच्चतम मानक स्थापित करने हेतु एक विश्वव्यापी व्यावसायिक संगठन 'इण्टरनेशनल पब्लिक रिलेशन्स एसोसिएशन' (आईपीआरए) स्थापित किया गया। आज दुनिया के अनेक देश इसके सदस्य के रूप में अपने देश में जनसम्पर्क को एक प्रोफेशन के रूप में स्थापित करने एवं उसके उच्चतम व्यावहारिक मानक स्थापित करने हेतु प्रयत्नशील हैं।

भारत में सन् 1912 में टाटा आयरन एण्ड स्टील कम्पनी द्वारा प्रारम्भ किये गये सामुदायिक सम्पर्क कार्यक्रम से भारत में जनसम्पर्क के आधुनिक रूप की नींव पड़ी। 1914 में प्रथम विश्वयुद्ध चालू होने पर भारत में तत्कालीन ब्रिटिश सरकार ने युद्ध के समाचारों से जनता को अवगत कराना आवश्यक समझा। इस हेतु 'टाइम्स ऑफ इण्डिया' बम्बई के सम्पादक स्टेनली रीड की अध्यक्षता में केन्द्रीय प्रचार मण्डल का गठन किया गया जिसमें भारत सरकार ने सेना, विदेश व राजनीतिक विभागों के

प्रतिनिधि सम्मिलित किये। महायुद्ध की समाप्ति के पश्चात् इस बोर्ड को भंग कर 1921 में इलाहाबाद विश्वविद्यालय के प्रोफेसर रूशब्रुक विलियम्स के निर्देशन में इसका नाम बदलकर इसे सूचना निदेशालय कहा जाने लगा। स्वतन्त्रता पश्चात् यह मन्त्रालय में परिवर्तित हो गया। जनसम्पर्क का निजी क्षेत्र में प्रथम प्रयास वर्ष 1943 में बम्बई स्थित टाटा उद्योग समूह के कार्यालय में एक स्वतन्त्र विभाग की स्थापना से हुआ। इस विभाग ने 1944 में मासिक न्यूज बुलेटिन का प्रकाशन प्रारम्भ किया। पचास के दशक के पूर्वार्द्ध में भारत में तेजी से सार्वजनिक क्षेत्रों का विस्तार हुआ। सार्वजनिक उपक्रमों ने जनसम्पर्क की आवश्यकता को समझते हुए अपने यहाँ जनसम्पर्क विभाग भी स्थापित किये। 1958 में विभिन्न उपक्रमों में कार्यरत जनसम्पर्ककर्त्ताओं ने मिलकर व्यावसायिक जनसम्पर्क संघ की स्थापना का प्रयास किया। इस समूह के शीर्षस्थ फारुख मुल्ला, काली मोदी एवं कुछ अन्य सदस्यों ने मिलकर 1966 में आईपीआरए सम्बद्ध 'पब्लिक रिलेशन्स सोसाइटी ऑफ इण्डिया' (पीआरएसआइ) की स्थापना भारत में की। पीआरएसआई ने दिल्ली में प्रथम अखिल भारतीय जनसम्पर्क सम्मेलन का आयोजन 1966 में किया तथा जनसम्पर्क की अन्तरराष्ट्रीय आचार संहिता को अंगीकृत किया। इस तरह भारत में शासकीय, सार्वजनिक एवं निजी क्षेत्रों में जनसम्पर्क प्रोफेशन के रूप में स्थापित हुआ।

बीसवीं शताब्दी के अन्तिम दो दशकों में भारत में आर्थिक उदारीकरण के दौर के परिणामस्वरूप जनसम्पर्क को एक नयी पहचान मिली। 1990 के पश्चात् उदारीकरण की नीति ने बहुराष्ट्रीय कम्पनियों को भारत आगमन का न्यौता दिया। इन कम्पनियों ने भारत में अपने पाँव जमाने के लिए सशक्त जनसम्पर्क का सहारा लिया। इन संस्थाओं ने पेशेवराना अन्दाज़ में जनसम्पर्क को कॉरपोरेट कम्युनिकेशन में तब्दील कर दिया। परम्परागत जनसम्पर्क का कार्य सिर्फ सामान्य प्रसार-प्रचार मीडिया सम्बन्ध हुआ करता था, परन्तु विभिन्न संस्थाओं में नवगठित कॉरपोरेट कम्युनिकेशन विभाग ने अपनी कार्यशैली को व्यापक बनाते हुए इसमें मीडिया प्रबन्धन, सामुदायिक सम्बन्ध, छवि निर्माण, विपणन सहयोग, इवेण्ट मैनेजमेण्ट जैसे कार्यों को भी शामिल किया। संस्थान के 'आन्तरिक जन' तथा 'बाह्य जन' से सम्पर्क स्थापना हेतु पृथक्-पृथक् रणनीति के निर्माण पर जोर दिया गया। आज भारत के सर्वोत्तम सार्वजनिक उपक्रमों एवं प्रतिष्ठित निजी क्षेत्रों के प्रचार एवं जनसम्पर्क विभाग, कॉरपोरेट कम्युनिकेशन विभाग में बदल गये हैं। इन्होंने परम्परागत सम्प्रेषण शैली के साथ ई-कम्युनिकेशन पर अत्यधिक ध्यान देना प्रारम्भ किया है। आज अनेक संस्थानों के ई-हाउस जर्नल लोकप्रिय हो चुके हैं। ये सभी संगठन मधुर मीडिया सम्बन्ध स्थापित करने के लिए पारदर्शितापूर्ण कार्यशैली अपनाने पर

विश्वास करने लगे हैं। विज्ञापन एवं प्रचार के लिए भी विभिन्न जनमाध्यमों का प्रयोग प्रचलन में आ गया है। संस्थान अपनी व्यावसायिक जिम्मेदारियों के साथ-साथ सार्वजनिक जिम्मेदारियों को महसूस करने लगे हैं जो कॉरपोरेट कम्युनिकेशन विभाग के माध्यम से पूर्ण हो पा रही है।

कुल मिलाकर 'प्रचार एवं जनसम्पर्क' से कॉरपोरेट कम्युनिकेशन में तब्दील यह विधा अब प्रबन्धन के लिए भी महत्त्वपूर्ण हो चली है। संस्थान, कॉरपोरेट कम्युनिकेशन को अपनी सफलता का मन्त्र मानने लगे हैं। इसलिए ही यह विभाग आज उच्च प्रबन्धन का हिस्सा बन गया है। सार्वजनिक एवं औद्योगिक संस्थान ही नहीं, शासकीय क्षेत्र भी परम्परागत जनसम्पर्क की बढ़ती महत्ता के चलते ही युवा इस ओर आकर्षित हो रहे हैं तथा अपना कैरियर इन क्षेत्रों में तलाश रहे हैं। विभिन्न विश्वविद्यालयों एवं अकादमिक संस्थानों ने पब्लिक रिलेशन्स, कॉरपोरेट कम्युनिकेशन एवं मीडिया मैनेजमेण्ट पाठ्यक्रम तैयार किये हैं जो काफी लोकप्रिय है। इन सकारात्मक बदलाव का नतीजा यह है कि आज कॉरपोरेट कम्युनिकेशन विभाग अधिक प्रोफेशनल हैं, सामाजिक प्रतिबद्ध है तथा ग्राहक उन्मुख है।

अध्याय 3

जनसम्पर्क के सिद्धान्त

'बड़े फलक' की ओर देखना : जनसम्बन्धों का पद्धति सिद्धान्त

यह सिद्धान्त संस्थान और उनके सदस्यों के बीच गहरे सम्बन्धों को समझने का एक तरीका है। जीवित प्राणियों के सदृश्य, यह सिद्धान्त अपने आसपास के पर्यावरण और उसकी निगरानी से जुड़ा है जिस तरह जीवित प्राणी अपने आसपास के जरूरी, परिवर्तनकारी और खतरनाक चीजों के प्रति संवेदनशील होते हैं उसी तरह एक संस्थान और उसके सदस्य भी आपसी साझा हितों के प्रति संवेदनशील होते हैं। प्राणियों के सदृश्य संस्थानों को भी 'सकारात्मक सम्बन्ध' बेहतर बनाते हैं। संस्थानों की सेहत उसके सदस्यों के आन्तरिक और बाहरी सम्बन्धों पर निर्भर करती है। जाहिर-सी बात है जनसम्पर्क का अर्थ ही यह होता है कि उसका 'पब्लिक' के साथ कैसा सम्बन्ध है। जनसम्पर्क इस पद्धति के लिए एक कड़ी का काम करता है एक तरफ तो यह औद्योगिक सेक्टर सरकार और न्यू मीडिया से सम्पर्क रखता है, दूसरी तरफ यह कानूनी अधिकारी, शोध विभाग और कर्मचारियों से सम्बन्ध रखता है। इस तरह यह सम्बन्ध एकतरफा न होकर दो-तरफा यानी टू-वे होता है। एक तरफ जहाँ सुनना जरूरी होता है वहीं तदनुरूप सन्देशों को भेजना भी जरूरी होता है।

इस तरह पद्धति सिद्धान्त यह बताता है कि अन्तर्सम्बन्धों के एक खण्ड में थोड़ा-सा भी बदलाव दूसरे सम्बन्धों पर गहरा प्रभाव डाल सकता है। जिस तरह विभिन्न प्राणी जिंदा रहने के लिए विभिन्न रणनीतियाँ अपनाते हैं ठीक उसी प्रकार पद्धति सिद्धान्त भी परिणाम प्राप्त करने हेतु एक से अधिक प्रकार अपनाते हैं। अतः जनसम्पर्क लेखकों पर यह दायित्व है कि वे संचार रणनीतियों के साथ संचार अन्तर्वस्तु पर भी ध्यान दे जिससे उनके सदस्यों के बीच सम्बन्ध जीवित और पोषित होते रहे।

सम्बन्धों की प्रकृति और गुण

जब भी आप कोई संचार निर्णय लेते हैं तो यह अन्ततः सम्बन्धों की प्रकृति पर ही निर्णय होता है या तो हम सम्बन्धों को स्थापित कर रहे होते हैं या सुधार रहे होते हैं या बनाये रखने की कोशिश कर रहे होते हैं जैसा कि ग्रूनींग और हण्ट

(1984) बताते हैं कि सम्बन्ध, सच और भागीदारी के प्रति हमारे अभिवृत्तियों के वृहद फलक को ही प्रस्तुत करते हैं जहाँ एक तरफ यह अतिवादी किस्म का एकतरफा संवाद हो सकता है वहीं दूसरी तरफ यह समरूपी सम्बन्धों को बढ़ानेवाला मूल्यवान् सन्देशों द्वारा अपने आन्तरिक और बाहरी सदस्यों को भागीदार बना ले। इसी से 'जन-सूचना' निकलती है। जनसम्पर्ककर्मियों को इन सबके साथ सम्बन्धों की नैतिकता और गुणात्मकता पर भी ध्यान देना होगा।

धारणा सिद्धान्त और उसके निहितार्थ

अगर पद्धति सिद्धान्त संस्थानों का अपने सदस्यों के साथ गहरे सम्बन्ध की प्रकृति और महत्त्व को दर्शाता है तो वही धारणा सिद्धान्त इस बात को महत्त्व देता है कि लोग कैसे सोचते और व्यवहार करते हैं। सम्बन्धों में तथा सोच-व्यवहार में यह सिद्धान्त भाषा के अनुप्रयोग को भी दर्शाता है। कुल मिलाकर यह सिद्धान्त अभिवृत्ति और व्यवहार परिवर्तन को समझता है।

धारणा के सौ साल

जनसम्पर्क लेखन की सबसे शुरुआती यादों में वे सन्देश हैं जो गुफाओं के भित्ति चित्र के तौर पर उकेरे गये थे। इसका क्रमबद्ध इतिहास प्रारम्भ में ग्रीक और सोफिस्टों में मिलता है। उस समय इस तरह के लोक संवाद को अलंकारशास्त्र कहा गया। अरस्तू ने इसे तर्कसंगत बनाया। अरस्तू ने धारणा के तीन उपागम दिये जो आज भी प्रचलित हैं। इथोज, पैथोज और लोगोस। रोम साम्राज्य में इसे सरकार और नागरिक के लिए अनिवार्य माना गया। इसे प्रभाव, नैतिकता और विश्वसनीयता के साथ जोड़ा गया। क्रिश्चयन धर्म में संचार तकनीक की ओर ध्यान दिया गया। उन्होंने इसके लिए कहानी, कला, रूपक और सादृश्यों का सहारा लिया जिससे कि धर्मशास्त्र की मूल समस को समझा जा सके। आधुनिक उपनिवेश या जिन्होंने-स्लोगन, संकेतों, चित्र/प्रदर्शनी, लेबलिंग का प्रयोग किया। आज सरकारी एजेन्सियाँ इसका भव्य आयोजन भी करती हैं। कभी-कभी ये सन्देश अर्थगत रूप से निरंकुश होते हैं। बहरहाल सोफिस्टों से लेकर आज तक यह विमर्श बना हुआ है कि समाज के अभिवृत्ति और व्यवहार में बदलाव हेतु भाषा की क्षमता, नैतिकता और भूमिका क्या हो?

व्यवहार सिद्धान्त और अभिवृत्ति परिवर्तन

व्यवहार सिद्धान्त और अभिवृत्ति परिवर्तन मूलतः लोगों के निर्णयों को प्रभावित और सन्देशों के अनुकरण करने हेतू तैयार करता है, इसके अन्तर्गत कुछ प्रारूप इस तरह से हैं—

फीसबीन—तर्कसंगत कार्रवाई का सिद्धान्त

बन्दूरा—तर्क संगत कार्रवाई का सिद्धान्त

पेट्टी और केसिओप्पो —विस्तार सम्भावना सिद्धान्त

फेस्टींगर—संज्ञानात्मक मतभेद का सिद्धान्त

केट्ज, ब्लूमर और अन्य—उपयोग और सन्तुष्टि सिद्धान्त

विट्ट—विस्तारित समानान्तर प्रक्रिया सिद्धान्त

मैकग्यूर— पीएसीवाईआरए धारणा प्रक्रिया सिद्धान्त

तर्कसंगत कार्रवाई का सिद्धान्त (फीसबीन)

मार्टिन फीसबीन अपने इस सिद्धान्त में यह बताते हैं कि व्यक्ति के व्यवहार का इरादा दो चीजों से प्रभावित होता है। पहला व्यक्ति का व्यवहार के प्रति नजरिया और दूसरा सामाजिक मापदंडों से जुड़ी कुछ प्रवृत्तियाँ। सहकर्मी अनुमोदन के बारे में सोचे जो कि प्रायः विज्ञापन उपभोक्ता उत्पाद का आधार होता है।

व्याख्या

यह सिद्धान्त प्रस्तावित करता है कि प्रेरक लेखक होने के लिए, हमें न केवल लोगों के व्यवहार बल्कि उसके दृष्टिकोणों को भी पहचानने की जरूरत है और इस बात पर विचार करने की आवश्यकता है कि हमारी समझ उनकी धारणाओं और सामाजिक प्रभावों के प्रति कितनी है लोग प्रायः अपनी धारणाओं को साझा करते हैं लेकिन उनका मूल्यांकन भी अलग-अलग तरीके से होता है। उदाहरण के लिए दो लोग यह सोचते हैं कि एक संस्थान को पर्यावरण के प्रति जिम्मेदार होना चाहिए, लेकिन ये भी हो सकता है कि उनमें से एक इसे बहुत महत्त्वपूर्ण मानता हो वहीं दूसरा इसे अप्रासंगिक मानता है।

सामाजिक शिक्षा सिद्धान्त (बन्दूरा)

अलबर्ट बन्दूरा का सामाजिक शिक्षा सिद्धान्त हमारी विचार प्रणाली में दो नये विचारों को जोड़ता है पहला यह कि लोग प्रायः अपने अवलोकन से सीखते हैं उदाहरण के लिए, जो लोग ज्यादा टीवी देखते हैं, उनका व्यवहार टी.वी. के पात्रों की तरह हो जाता है दूसरा धारणा यह है कि कुछ लोग 'आत्मप्रभावकारिता' या विश्वास से चलते हैं। यानी किसी खास व्यवहार को बनाये रखने के लिए अपनी योग्यता पर भरोसा करते हैं।

व्याख्या

फीसबीन के अनुसार कोई व्यक्ति सिगरेट पीना तभी छोड़ता है जब उसका कोई करीबी उसे ये समझाता है कि आगे चलकर ऐसा करना उस व्यक्ति के लिए अच्छा होगा। बन्दूरा का यह भी मानना है कि उस व्यक्ति में इतना आत्मविश्वास होना चाहिए कि वह खुद सिगरेट पीना छोड़ सकता है। बन्दूरा का लेखन हमें यह भी कहता है कि हमें वह व्यवहार या दो आदर्श पहले लोगों को दिखाने पड़ेंगे जो हम उनके व्यवहार में जोड़ना या बदलना चाहते हैं।

आप इन विचारों के प्रयोग अक्सर विज्ञापनों में भी देख सकते हैं। नये खान-पान की चीजें विज्ञापनों में दिखायी जाती हैं। लोग उस उत्पाद को खोजने या अपनाने के लिए सुपर मार्केट के डेयरी की तरफ देखते हैं। विज्ञापन अक्सर प्रतिदिन 'तुम और मैं' के चरित्रों द्वारा घोषणा करते रहते हैं कि उन्होंने यह किया, और आप भी इसे कर सकते हैं। इससे एक नये उत्पाद या व्यवहार को परीक्षा करने के प्रति दर्शकों का आत्मविश्वास बढ़ता है।

विस्तार संभावना सिद्धान्त (पेट्टी और केसिओप्पो)

पेट्टी और केसिओप्पो ने इस सिद्धान्त में यह बताया है कि श्रोता सभी सन्देशों को समान रूप से संसाधित नहीं करते बल्कि वे कुछ को दूसरों की तुलना में ज्यादा प्रासंगिक और क्रियाशील मानते हैं जो सन्देश महत्त्वपूर्ण विश्लेषण और विस्तार को दर्शाते हैं वे 'केन्द्रीय मार्ग' कहलाते हैं। वहीं वे सन्देश जो कम प्रासंगिक हैं वे 'परिधि मार्ग' कहलाते हैं। केन्द्रीय मार्ग का मतलब तर्कसंगत सन्देशों को सावधानीपूर्वक संसाधन करना वही परिधि मार्ग का मतलब जो तुरन्त किसी से प्रभावित हो जाने के साथ ही सन्देशों के प्रति कम-कम आकर्षक हो।

व्याख्या

लिखने के लिए निहितार्थ वे लोग, जिन्हें आप जानते हैं और सन्देश को पढ़ने के लिए प्रेरित करते हैं उनमें गम्भीर रूप से सन्देशों को विश्लेषित करने की क्षमता होती है। दूसरी तरफ वे लोग जो कम प्रेरित होते हैं या जिनके पास तर्क को विश्लेषण करने की क्षमता कम होती है वे परीधीय संकेतों को उपयोग करके अधिक सफलतापूर्वक पहुँच सकते हैं। कुल मिलाकर रूपकों, सादृश्यों और मानव हितों से जुड़ी कहानियाँ 'सिर्फ तथ्यों' से अधिक प्रभावी हो सकती हैं।

संज्ञानात्मक मतभेद का सिद्धान्त (फेस्टींगर)

संज्ञानात्मक मतभेद 1957 सिद्धान्तों का एक समूह है जिसे सन्तुलन का सिद्धान्त भी कहा गया है। यह सिद्धान्त यह समझाने की कोशिश करता है कैसे

उन सन्देशों के साथ बर्ताव करते हैं जो उनके लिए असंगत अथवा परस्पर विरोधी होता है। विघटन हम में से ज्यादातर के लिए एक आम घटना है और सन्तुलन का यह सिद्धान्त बताता है कि हमें इसे किस तरह से कम करना है। उदाहरण के लिए दो समान रूप से महत्त्वपूर्ण शोध पत्र आपके ध्यान के लिए प्रतिस्पर्द्धा करेंगे जैसे जो डिजिटल कैमरा आप खरीदने के लिए जा रहे हैं वह एक आकर्षक और अधिक महँगा प्रतियोगी है। वही आज एक पार्टी भी है और परीक्षा के लिए ट्यूशन सत्र भी है। दोनों अपने परिणाम के साथ होते हैं। इनमें से प्रत्येक मामले में आप कैसे अपने फैसले को और तर्कसंगत बना सकते हैं।

संज्ञानात्मक मतभेद का सिद्धान्त प्रेरक लेखक के लोगों की प्रतिक्रियाओं को समझने में सहायक है। फेस्टीगेट अपने तर्क में कहते हैं कि किसी व्यक्ति द्वारा धारित किसी भी दो धारणाओं में से तीन सम्भावित सम्बन्ध होंगे—अप्रासंगिक रूप से अनदेखा करेंगे। प्रासंगिक होने पर ही वे सन्देश स्पष्ट दिखायी देंगे। इसी तरह अगर वे आपको जानकारी एवं तर्क प्रदान करते हैं तो वे संगत हैं अगर वे आपको जानकारी एवं तर्क प्रदान नहीं करते हैं तो वे असंगत हैं।

आमतौर पर हम विसंगति को कम करने की कोशिश करते हैं। हालाँकि आप अपना व्यवहार या रवैया बदलकर सन्देश की दिशा बदल सकते हैं। कई अन्य चीजें भी हो सकती हैं जिससे उसमें समान प्रभाव पड़ेगा। आप जानकारी से बच सकते हैं या आप अपनी खुद की स्थिति के साथ सूचना व सदृश की तलाश कर सकते हैं या अपने सन्देश अथवा स्रोत को छोटा करके सम्पूर्ण मुद्दे के महत्त्व को कम कर सकते हैं। आप अपने सन्देश को तोड़-मरोड़कर ऐसा कर सकते हैं। ताकि वह आपके विश्वासों के साथ संरेखित हो सके।

व्याख्या

संज्ञानात्मक मतभेद से पता चलता है कि अगर लोग अपनी वर्तमान धारणाओं के साथ संघर्ष कर रहे हैं तो वे लोग आपके सन्देश से बचने की कोशिश करेंगे। वहीं दूसरी तरफ चंचल जनसम्पर्क लेखक पाठकों के लिए एक स्तर पर असन्तोष पैदा कर सकता है। पाठकों को लेखक के आग्रहों के बारे में नयी जानकारी दे सकता है। साथ ही ग्राहकों को अपने दृष्टिकोण बदलने के लिए नेतृत्व कर सकता है। उदाहरण के लिए हाइब्रिड कारों की बिक्री की अपील, उनके गैस चालित समकक्षों से उच्च मूल्य की हो सकती है।

उपयोगिता और सन्तुष्टि सिद्धान्त (केट्ज, ब्लूमर और अन्य)

तथ्य यह है कि लोग किस तरह से मीडिया का उपयोग करते हैं या मीडिया के उपयोग में सक्रिय हैं। इसकी नींव उपयोग और सन्तुष्टि सिद्धान्त में मिलती है।

यह शोध दृष्टिकोण यह दर्शाता है कि लोग मीडिया सन्देश के निष्क्रिय उपयोक्ता केवल नहीं हैं। वरन् वे मीडिया सन्देश के प्रति सक्रिय और चयनात्मक हैं। वे मीडिया का विभिन्न तरीके से उपयोग करते हैं। जैसे कि कोई मीडिया का मनोरंजन के लिए विभिन्न तरीकों से सहारा लेता है कोई और पारस्परिक सम्बन्धों के लिए विकल्पों का सहारा लेता है। कुछ और सूचना के स्रोत के लिए इसका उपयोग करते हैं। कुछ लोग विश्व मीडिया के सन्दर्भ में अपने व्यक्तिगत जीवनशैली और मूल्यों की तुलना करते हैं। शोध इस बात की पुष्टि करते हैं कि लोग सिर्फ बैठकर सन्देश प्राप्त नहीं करते बल्कि वे सक्रिय रूप से अपनी जानकारी या मनोरंजन को अपनी आवश्यकताओं के अनुसार उपयोग करते हैं।

व्याख्या

इसलिए एक जनसम्पर्क लेखक को न केवल सन्देश निर्माण के सिद्धान्तों को समझना चाहिए बल्कि यह भी जानना चाहिए कि लोगों द्वारा प्राप्त जानकारी का उपयोग कैसे किया जाता है। सर्वेक्षण, केन्द्रित समूह और साक्षात्कार द्वारा हम कुछ इस तरह के सवालों का जवाब पा सकते हैं जो हमारे लेखन का दृष्टिकोण मजबूत करेंगे।

अध्याय 4

जनसम्पर्क के लिए मीडिया

जनसम्पर्क शासकीय एवं अशासकीय स्तर पर अधिकारियों-कर्मचारियों द्वारा सम्पन्न किया जानेवाला कार्य है, इसलिए इसका सम्बन्ध देश के वर्तमान एवं भावी सामाजिक, आर्थिक और राजनीतिक राजनैतिक परिदृश्य से होता है। भारत में विभिन्न क्षेत्रों का परिदृश्य विचारों, मूल्यों, लक्ष्यों तथा समय के साथ बने रहने के तरीकों में आये परिवर्तनों से प्रभावित है। आज की तेजी से बदलती दुनिया में मूलमन्त्र हैं– वैश्वीकरण, व्यावसायिकता, खुली अर्थव्यवस्था और सूचना प्रौद्योगिकी। जनसम्पर्क इन सभी स्थितियों से प्रभावित है और आज पहले से कही बहुत अधिक चुनौतीपूर्ण है। जनसम्पर्क के परिदृश्य में 1990-91 के बाद विशेष रूप से बड़ा परिवर्तन आया है। सन 1990-95 में नयी आर्थिक नीति की शुरुआत से पहले सार्वजनिक क्षेत्र का वर्चस्व था तथा निजी क्षेत्र की भूमिका नगण्य होती थी। इसके चलते मीडिया में भी सार्वजनिक क्षेत्र के उपक्रमों की उपलब्धियों को, समाचारों-आलेखों आदि द्वारा व्यापक स्थान मिलता रहा। निजी क्षेत्र के संस्थानों से आनेवाली प्रकाशन सामग्री से मीडिया किसी-न-किसी रूप में भुगतान की अपेक्षा रखता था। प्रकाशनों में अक्सर निजी क्षेत्र के संस्थानों के नाम का उल्लेख भी नहीं किया जाता था।

1980 के दशक के मध्य में निजी क्षेत्र की एक कम्पनी ने अपना नया उत्पाद बाजार में उतारने के साथ कुछ प्रकाशन सामग्री अखबारों में प्रसारित करने के लिए भेज दी। उत्पाद के व्यावहारिक उपयोग का भी प्रेस विज्ञप्ति में उल्लेख किया। मीडिया ने न केवल समाचार को कम जगह दी बल्कि उस कम्पनी के नाम का जिक्र भी नहीं किया। अखबार ने कहा हमारे कॉलम निजी क्षेत्र की कम्पनियों के मुफ़्त प्रचार के लिए नहीं है। यह कम्पनियाँ प्रचार चाहती हैं तो विज्ञापन जारी करें।

मीडिया का व्यापक विकास

वर्तमान परिदृश्य में जनसम्पर्क की विशेषता स्वयं मीडिया के व्यापक विकास में दिखायी देती है। उदाहरण के लिए अखबारों को देखें तो लगभग सभी में 4 से

8 पृष्ठों का एक परिशिष्ट व्यापार और अर्थव्यवस्था पर केन्द्रित होता है। विश्व में किसी भी देश में आर्थिक विषयों से सम्बन्धित इतने दैनिक समाचार-पत्र नहीं हैं जितने भारत में हैं। हमारे आर्थिक तथा अन्य दैनिक समाचार-पत्र सामग्री तथा विश्लेषण की दृष्टि से शीर्ष स्तर के हैं। अन्य प्रकाशन भी हैं जो विभिन्न संस्थानों, उत्पादों, सेवाओं सेवाओं उपलब्धियों तथा भविष्य पर कार्यक्रमों की जानकारी देते हैं। कुछ वर्षों पहले तक इलेक्ट्रॉनिक मीडिया में दूरदर्शन का एकाधिकार था। आज चौबीसों घण्टे चलनेवाले अनगिनत टेलीविजन चैनल उपलब्ध हैं। दर्शक तो आखिर वही हैं, लेकिन विभिन्न चैनल दर्शकों का ध्यान खींचने की होड़ में है।

वर्तमान परिदृश्य में संचार माध्यम का महत्त्व अब पहले से कई गुना बढ़ गया है। उदाहरण के लिए भारत की राजधानी दिल्ली या अन्य राज्यों के राज्यों की राजधानियाँ जैसे मुम्बई, चेन्नई, कोलकाता, भोपाल आदि को ही ले ले जहाँ हम अनेक सेमिनारों, सम्मेलनों, गोष्ठियों में राय बनाने वालों के साथ संवाद होते देखते हैं। सूचना प्रसार में मदद के अलावा इन मंचों से जनसम्पर्क कर्मियों को अपने संस्थानों के पक्ष में राय बनाने के भी अच्छे अवसर मिलते हैं। उदाहरण के लिए जनसम्पर्क कर्मी फोरम ऑफ फाइनेन्शल राइटर्स, पब्लिक सेक्टर पब्लिक रिलेशन्स फोरम, पी आर एस आई (PRSI) और स्कोप (SCOPE) आदि संस्थाओं का लाभ उठा सकते हैं।

वर्तमान तथा भविष्य उन पेशेवर जनसम्पर्क कर्मियों के लिए रोमांचक होंगे जो महज प्रेस विज्ञप्तियाँ बाँटने या सुन्दर प्रकाशनों जैसी सामग्री वितरित करने से आगे जाकर अपने बौद्धिक विकास द्वारा बड़ी जिम्मेदारियों को सँभालने की क्षमता हासिल करने का प्रयास करते हैं, साथ ही कड़ी प्रतिस्पर्द्धा और संस्थाओं के आन्तरिक और बाह्य जनों के चौकसी के बीच अपने कार्य के संचालन में तेजी लाने के लिए तत्पर है।

मौजूदा परिप्रेक्ष्य में जन-जन सम्पर्क से जुड़े हुए संचार कर्मियों को पेश आनेवाली चुनौतियों पर विमर्श आवश्यक है। सबसे पहली और महत्त्वपूर्ण चुनौती तो सूचना प्रसार को लेकर है। एक सार्वजनिक उपक्रम के मुख्य कार्यकारी अधिकारी के अनुसार सबसे अच्छा प्रचार तो किसी प्रचार का ना होना है। यह बिल्कुल सही नहीं है। जनसम्पर्क कर्मी केवल आतिथ्य, सम्पर्क या प्रोटोकॉल सम्बन्धी कार्य करने के बाद हाथ-पर-हाथ धरे बैठे नहीं रह सकते। वे प्रबन्धन का अभिन्न अंग है और उन्हें अपने-अपने संगठनों के सतत विकास के लिए आन्तरिक तथा बाह्य जनों के सहयोग से कर्मचारियों को सूचना प्रसार द्वारा प्रेरित करते रहने की जिम्मेदारी निभानी चाहिए। ब्रिटिश इन्स्टीट्यूट ऑफ पब्लिक रिलेशन्स की परिभाषा के

अनुसार जनसम्पर्क एक संगठन तथा विभिन्न जनों के बीच आपसी समझ बनाये रखने के लिए किये जानावाला सुविचारित, सुनियोजित और निरन्तर प्रयास है। . इसके लिए सबसे आवश्यक तत्त्व है सूचना। सम्पर्क कर्मी को चाहिए कि वह न केवल अपने संगठन के बारे में जानकारी रखें बल्कि अपने कार्य क्षेत्र के अन्य संगठनों और प्रतिस्पर्द्धी संस्थाओं के बारे में सूचना एकत्रित करता रहे। उन्हें अद्यतन बनाते हुए मीडिया को उपलब्ध करायें। यह काम केवल मीडिया की माँग पर न किया जाये बल्कि जनसम्पर्क की एक सुविचारित, योजनाबद्ध गतिविधि के रूप में जारी रहे।

मीडिया के साथ बेहतर सम्बन्ध

उपरोक्त बातों का सीधा सम्बन्ध मीडिया संगठनों को साधने की क्रिया से है, जिससे उनका अधिकतम लाभ उठाया जा सके। जैसा कि पहले बताया गया है, भारतीय मीडिया संगठनों में किसी भी घटना को अपने पाठकों, दर्शकों तक रफ्तार के साथ पहुँचाने की गलाकाट प्रतिस्पर्द्धा बनी रहती है। मीडिया को अब अपने अस्तित्व के लिए कड़ी प्रतिस्पर्द्धा से जूझना पड़ रहा है। वे दिन लद गये जब जनसम्पर्क कर्मी प्रेस विज्ञप्तियाँ मीडिया कार्यालयों में भिजवा देते थे और अगले दिन वे प्रकाशित हो जाती थी या टीवी के पर्दे पर नजर आ जाती थी। संचारकों को पुराने गैर-पेशेवर तरीकों के बदले अब मीडिया की भूमिका, जिम्मेदारी और काम करने के ढंग को समझकर स्वयं रणनीति बनाकर काम करना होगा। मीडिया प्रतिनिधियों को खिला-पिलाकर विज्ञप्तियाँ उनके गले उतारने की अवधारणा अब नहीं चलेगी।

सूचना प्रौद्योगिकी इस हद तक उन्नत हो गयी है कि संचार चौबीसों घण्टों का काम बन गया है। लैपटॉप और सेल फोन के चलते संचारक हर समय सम्पर्क में बने रह सकते हैं। यह अपने आप में एक बड़ी चुनौती है। अब यह पूरी तरह उन पर निर्भर है कि वे नयी प्रौद्योगिकी का पूरा-पूरा लाभ कैसे उठाते हैं।

एक उदाहरण से समझें। यदि एक बहुराष्ट्रीय संस्थान में, जिसका मुख्यालय स्वीडन या मलेशिया में हो, कोई अनहोनी हो गयी हो तो वहाँ के मीडियाकर्मी तुरन्त सक्रिय हो जायेंगे। जहाँ यह घटना हुई है वहाँ के अधिकारियों से बात कर उनका पक्ष जानेंगे। वे कम्पनी के अन्य अधिकारियों से बात करेंगे सारे सम्बन्धित लोगों से कुछ ही समय में बात कर केवल मलेशिया या स्वीडन ही नहीं बल्कि विश्व-भर में इस बारे में समाचार प्रसारित कर देंगे। यह सब पूरी रफ्तार से किया जायेगा अब कम्पनी के संचालक संचार कर्मियों की जिम्मेदारी है कि वह कैसे कम्पनी और मीडिया के बीच कड़ी बनाते हैं। ऐसी अवस्था में जरा-सी सुस्ती, ढील या लापरवाही संस्थान के लिए आत्मघाती साबित हो सकती है। मीडिया में बहुत शक्ति होती है।

राष्ट्रों के अत्यन्त शक्तिशाली राष्ट्राध्यक्ष या बड़े-बड़े कारोबारी संस्थान मीडिया की शक्ति के आगे धराशायी हो गये हैं। किसी भी संस्था की छवि गढ़ने में बरसों लग जाते हैं, परन्तु अखबारों में पत्रिकाओं में या इलेक्ट्रॉनिक मीडिया में प्रसारित चन्द विपरीत लेखों से वह छवि कुछ सप्ताहों में या महीनों में ध्वस्त हो सकती है।

मीडिया कवरेज पर निगाह रखना

संचारकों को लगातार मीडिया के कवरेज पर नजरें बनाये रखनी पड़ती हैं चाहे वह व्यापक रूप से सामान्य कारोबार के बारे में हों या फिर विशेष रूप से अपने संस्थान के बारे में हों। ऐसी लगातार निगरानी अपने आप में एक सबक होती है। मीडिया के रुख़ को भाँपते हुए वे स्वयं की जनसम्पर्क तथा संचार की रणनीति में बदलाव ला सकते हैं।

महज कतरनों के परम्परागत विश्लेषण की बजाय मीडिया की प्रतिक्रियाओं का विस्तृत और गहन अध्ययन होना चाहिए। इसके लिए जनसम्पर्क कर्मियों को अपने दफ़्तरों की चारदीवारी से निकलकर अपनी निगाहों और कानों को चौकस बनाते हुए कई लोगों से मिलते रहना होगा। खबरों की दुनिया में क्या हो रहा है या क्या होने वाला है यह भाँपते हुए अपने संस्थाओं के प्रबन्धन को सूचित करते रहना होगा और अपनी कार्य योजना को अमल में लाना होगा।

एक अच्छा संचारकर्मी हमेशा यही सोच रहा होता है कि कब कौन-सा सन्देश किस समाचार या मीडिया में कैसे प्रकाश में लाना है। प्रभावी संवाद के लिए एक लचीली सोच भी जरूरी है क्योंकि कई बार एक ही सन्देश अनेक लोगों के बीच अलग-अलग तरीकों से प्रसारित करना होता है। इसके लिए ऊँचे दर्जे का पेशेवर रुख़ और मेहनत जरूरी है। इनका कोई विकल्प नहीं है, सिवाय आत्मविश्वास के।

अध्याय 5

आन्तरिक जनों से प्रभावी संचार

किसी भी संगठन से सम्बन्धित लोगों को दो समूहों में बाँटा जा सकता है—आन्तरिक जन और बाह्य जन। भारत में पिछले चार दशकों में अनेक बहु-उत्पाद तथा बहु-इकाई औद्योगिक संगठनों की स्थापना के बाद से विभिन्न जनों के साथ प्रभावी संचार एक चुनौती की तौर पर उभरा है। इस विषय की उचित समझ और समालोचना के लिए प्रभावी संचार क्या है यह जानना जरूरी है।

सरल शब्दों में कहा जाये तो एक बेहतर संरचित संचार प्रणाली किसी भी संगठन के सुचारु संचालन के साथ-साथ सफल रूप से लक्ष्य प्राप्ति में सहायक होती है। संचार किसी भी संगठन का दिल है, जिसके बिना ना कोई दिशा होगी, न संगठन, न समन्वय और न ही आपसी सद्भावना। अगर संचार अपर्याप्त है या सुविचारित नहीं है तो इससे असुरक्षा, टकराव और प्रबन्धन तथा कर्मचारियों के बीच अविश्वास को बढ़ावा मिलेगा।

जाने माने लेखक डेविस के अनुसार संचार किसी संगठन में दो उद्देश्यों की पूर्ति करता है। पहला, यह सामूहिक प्रयासों के लिए आपसी सद्भाव और समझ विकसित करने में सहायक है। दूसरा, यह सहकार्य, प्रेरणा और कार्य से समाधान प्राप्त करने के लिए एक सही रवैया पैदा करता है। संक्षिप्त में, इससे दक्षता और उत्पादकता का मार्ग प्रशस्त होता है। एक संगठन के आन्तरिक जन में वहाँ के कर्मचारी, उनके परिवारजन, परिजन और उनके साथ आसपास के लोग शामिल होते हैं। जहाँ तक किसी संगठन के कामकाज या छवि का प्रश्न है यह एक बहुत महत्त्वपूर्ण लक्षित समूह है। ये संगठन का अभिन्न अंग हैं जो साथ रहते हैं, साथ काम करते हैं और लक्ष्य के प्रति लगन को साझा करते हैं। इस अवसर पर आन्तरिक जनों को प्रभावित करनेवाली धाराओं, प्रतिधाराओं और अन्य प्रभावों का जिक्र करना प्रासंगिक होगा। मोटे तौर पर यह लक्षित समूह (Target group) निम्नलिखित कारकों से प्रभावित होता है—प्रबन्धन की नीतियाँ-पहला और सबसे महत्त्वपूर्ण

कारक हैं प्रबन्धन की नीतियाँ। ये नीतियाँ ही इस समूह के लोगों की रिहाइश, कार्यपद्धति, विकास के अवसरों और मानवीय सम्बन्धों को निर्धारित करती हैं।

शीर्ष अधिकारियों की कार्यशैली

मनुष्य की स्वाभाविक प्रवृत्ति अपने वरिष्ठ अधिकारियों से दिशा मार्गदर्शन तथा लोकाचार से सम्बन्धित व्यवहार की जानकारी प्राप्त करने की होती है। ऐसे में यदि ये अधिकारी अपने व्यवहार में भाई-भतीजावाद, पक्षपात या संकीर्ण मानसिकता दिखाते हैं तो उनके अधीनस्थों पर उसका प्रभाव पड़ेगा जो अन्ततः काम की अच्छाई के प्रतिकूल होगा।

ट्रेड यूनियन

संगठित क्षेत्र में ट्रेड यूनियनें कर्मचारियों के लिए एक महत्त्वपूर्ण प्रभाव समूह का काम करती है। ट्रेड यूनियनों से अपेक्षा की जाती है कि वे कर्मचारियों के हितों की रक्षा के साथ ही प्रबन्धन को भी संगठन के विकास एवं प्रगति के लिए मदद करें। कर्मचारियों तथा प्रबन्धन दोनों की ही मदद की दोहरी भूमिका का अर्थ है यूनियन का अत्यधिक जिम्मेदार और हर परिस्थिति में प्रतिसाद के लिए तत्पर होना। लेकिन योग्य नेतृत्व का अभाव कभी-कभी इन्हें कर्मचारियों के हितों के लिए घातक भी बना सकता है।

मीडिया

प्रिण्ट, इलेक्ट्रॉनिक और संचार के अन्य माध्यम जैसे संस्थानों के हाउस जर्नल (आन्तरिक पत्रिकाएँ) सार्वजनिक उद्‌घोषणा प्रणाली, कर्मचारियों की संचार बैठकें या अन्य मंच मीडिया में शामिल है। छोटे स्थानों में स्थानीय मीडिया किसी संगठन के काम करने की विभिन्न पहलुओं पर लोगों की धारणाओं या राय को तैयार करने में विशेष भूमिका अदा करते हैं। रणनीति आन्तरिक जनों के लिए एक प्रभावी संचार नीति उनकी जानकारी की जरूरतों की पृष्ठभूमि में तैयार की जानी चाहिए। उन्हें प्रभावित करनेवाले कारकों, जिनका जिक्र पहले किया जा चुका है, को ध्यान में रखा जाना चाहिए। आन्तरिक जनों के लिए प्रभावी संचार के कुछ बुनियादी तत्त्व इस प्रकार हैं—प्रारूप-संचार का प्रारूप और सामग्री अलग-अलग लक्ष्य समूहों के लिए अलग-अलग होंगे उदाहरण के लिए कम्पनी के मुख्यालय में वरिष्ठ प्रबन्धन समिति की बैठक में हुए विचार-विमर्श का सार संस्थान के प्रबन्धन समूह को संचारित किया जाना है। मुख्यालय में हुई बैठक में विभिन्न संयन्त्रों के शीर्ष अधिकारी जैसे कार्यकारी निदेशक, प्रभारी महाप्रबन्धक या महाप्रबन्धक उपस्थित थे। लौट कर उन्हें अपने संयन्त्र के वरिष्ठ प्रबन्धन

समूह को विमर्श का सार संचारित करना है। इस संचार का प्रारूप निश्चय ही संयन्त्र के अन्य कर्मचारियों के बीच प्रसारित होनेवाले संचार से अलग होगा। इसी तरह कम्पनी को पेश आनेवाली अन्य चुनौतियों के बारे में कार्यकर्त्ताओं को सम्बोधित अन्य संचार का प्रारूप, विषय वस्तु और भी अलग होंगे। संचार को वर्ग विशेष की समझ के दायरे और अपेक्षाओं के अनुरूप होना चाहिए।

व्यक्तिगत संचार

दस हजार कर्मचारियों की संख्यावाले संयन्त्रों में संयन्त्र प्रमुख और कर्मचारियों के बीच सीधी मुलाकात लगभग असम्भव है। ऐसे में दूरंदेशी संगठन के पदाधिकारी समय-समय पर भेजे गये पत्रों एवं ई-मेल द्वारा संयन्त्र प्रमुख और कर्मचारियों के बीच संवाद बनाते हैं। यह पत्र प्रत्येक कर्मचारी को उसके नाम से सरल और सहज भाषा में लिखे जाते हैं।

सार्वजनिक उद्घोषणा प्रणाली

जिन संयन्त्रों में हजारों कामगार एक बड़े कार्य क्षेत्र में फैले होते हैं वहाँ सार्वजनिक उद्घोषणा प्रणाली काफी लोकप्रिय है। यहाँ प्रबन्धन एक केन्द्रीय नियन्त्रण कक्ष से कामगारों को जो सूचना या सन्देश भेजना चाहे वे उन्हें अपने-अपने स्थान पर ही मिल जाते हैं।

अनौपचारिक मिलन समारोह

ऐसे आयोजनों में कर्मचारियों और उनके परिवारों को बारी-बारी से समूहों में संयन्त्र के उच्चाधिकारी व उनके परिवारों के साथ मिलन समारोह में आमन्त्रित किया जाता है। इन समारोहों ओहदों या सामाजिक दर्जों को परे रखते हुए सभी लोग मिलते हैं। इससे एक-दूसरे को पहचानने, एक-दूसरे के काम पर गर्व करने और आपसी सद्भाव विकसित करने में बहुत मदद मिलती है।

प्रबन्धन और कर्मचारियों की आन्तरिक संचार बैठकें

ऐसी बैठकें निश्चित अन्तराल पर आयोजित की जाती हैं। इनमें कर्मचारियों को अपने कार्य क्षेत्र या पूरे संयन्त्र के कामकाज में सुधार के लिए खुलकर सुझाव देने का अवसर और मंच मिलता है। भोपाल के बी.एच.ई.एल. संयन्त्र में, जहाँ एक समय प्रबन्धन और कर्मचारियों के बीच टकराव बना हुआ था, इस कार्यक्रम को सफलतापूर्वक लागू किया गया। ये बैठकें अक्सर मुख्य कार्यकारी अधिकारी के लिए सुनने का अवसर देती हैं साथ ही कर्मचारियों से अपनी बात करने का मौका प्रदान करती है।

खुला मंच

इस तरह के आयोजन में मुख्य कार्यकारी अधिकारी कर्मचारियों को अपनी शिकायतें या समस्याएँ खुलकर व्यक्त करने के लिए आमन्त्रित करते हैं। बैठकों में संयन्त्र प्रमुख और कर्मचारियों के अलावा कोई नहीं होता। इससे कर्मचारियों को अपनी बात कहने में कोई हिचक नहीं होती।

हाउस जर्नल

आन्तरिक संचार के लिए संस्थाओं में गृह पत्रिकाएँ (हाउस जर्नल) एक परम्परागत साधन है। अच्छे हाउस जर्नल संस्था के कर्मचारियों और उनके परिवारजनों को बढ़ावा देते हैं और उनकी उपलब्धियों को सबके साथ साझा करते हैं। इससे कर्मचारियों के बीच आपसी विश्वास, सहकार और सहभावना विकसित होती है। कर्मचारी अपने संगठन के खातिर, जिससे उनका भविष्य जुड़ा हुआ है, अपना सर्वश्रेष्ठ प्रदर्शन करने के लिए प्रेरित होते हैं। अब तक हाउस जर्नल अक्सर छपी सामग्री के रूप में ही आते थे। नये दौर में वे ई-पत्रिकाओं के रूप में देखे जाते हैं। समय की कमी के चलते नये माहौल में ई-पत्रिकाएँ ज्यादा अनुकूल हैं। ई-पत्रिकाएँ सामग्री और चित्रों से भरपूर होने के कारण काफी आकर्षक होती हैं।

ट्रेड यूनियनों के साथ संवाद

सभी गतिशील और दूरन्देशी संगठन इस बात का ध्यान रखते हैं कि ट्रेड यूनियनों के साथ उनके सम्बन्ध बने रहें और उनका आधार आपसी सद्‌भाव, आदर, विश्वास तथा एक-दूसरे की भूमिका की सराहना हो। यह भावना एक तरफा नहीं है बल्कि ऐसा दो तरफा व्यवहार है जिसमें प्रबन्धन ट्रेड यूनियनों को संयन्त्र के उद्‌देश्य और लक्ष्य के बारे में जानकारी देता है और ट्रेड यूनियनें कामगारों की प्रतिक्रियाओं से प्रबन्धन को अवगत कराती रहती हैं। प्रबन्धन यह जानता है कि ट्रेड यूनियन की भूमिका अहम है इसलिए वे प्रबन्धन के विश्वास की हकदार हैं।

प्रिण्ट मीडिया

आन्तरिक पत्रिकाओं के अलावा स्थानीय प्रिण्ट मीडिया का भी उपयोग संयन्त्र की योजनाओं, कार्यक्रमों तथा उपलब्धियों के प्रचार प्रसार के लिए किया जाता है। इस मीडिया के द्वारा संयन्त्र के कर्मचारियों तथा उनके बच्चों और अन्य परिवारजनों की उपलब्धियों को प्रकाश में लाने के लिए किया जाता है।

इलेक्ट्रॉनिक मीडिया

कुछ स्थानों पर, जैसे राज्यों की राजधानियों में, उन क्षेत्रों में स्थित संयन्त्रों आदि की उपलब्धियों को प्रचारित करने के लिए रेडियो या टेलीविजन केन्द्रों की सेवाएँ उपलब्ध हैं। कुछ सार्वजनिक या निजी क्षेत्र के संगठनों ने तो दो कदम आगे बढ़ कर स्वयं अपने छोटे टेलीविजन केन्द्र स्थापित कर लिये हैं। जैसे राउरकेला इस्पात संयन्त्र में एक उत्कृष्ट टीवी केन्द्र है जो विशेष रूप से संयन्त्र की गतिविधियों और उपलब्धियों के बारे में जानकारी प्रसारित करता रहता है। कार्यक्रम संस्थान के कर्मचारियों द्वारा ही तैयार किये जाते हैं।

होर्डिंग और नोटिस बोर्ड

आम रास्तों पर लगे होर्डिंग और दफ्तरों की दीवारों पर टँगे नोटिस बोर्ड भी आन्तरिक संचार का एक महत्त्वपूर्ण माध्यम है। उनके द्वारा संगठन की उपलब्धियाँ, कर्मचारियों द्वारा जीते गये पुरस्कारों और संगठन के उत्पाद लक्ष्यों आदि के बारे में सूचनाएँ प्रदान की जाती हैं। संक्षेप में प्रबन्धन और आन्तरिक जनों के बीच एक सुनियोजित, व्यवस्थित आरै प्रभावी संचार की कड़ी निश्चित रूप से संगठन के उद्‌देश्य को प्राप्त करने का मार्ग प्रशस्त करेंगी। इस तरह के कार्यक्रम औपचारिक और अनौपचारिक रूप से आन्तरिक जनों को काफी जानकारी प्रेषित करते हैं जो अच्छे कार्य करने की भावना विकसित करने के लिए आवश्यक हैं।

अध्याय 6

बाह्य जनों के लिए प्रभावी संचार

एक बार एक भारतीय उच्च अधिकारी ने नयी दिल्ली से बैंकाक के लिए एक विदेशी विमान सेवा द्वारा अपना टिकट बुक कराया। वापसी यात्रा का टिकट उन्होंन एयर इण्डिया से करा लिया। यह बात उन्होंने एक दिन सहज रूप से अपनी बेटी को बताई। बेटी बोली “पापा आपने एयरइण्डिया से टिकट क्यों बुक कराया उसकी कोई विशेष साख नहीं है?” पिता ने उसे समझाते हुए कहा नहीं-नहीं एयर इण्डिया भी बहुत अच्छी है। बेटी ने बात चुपचाप सुन तो ली पर स्पष्ट था कि वह सहमत नहीं थी। विदेश से लौटने पर पिता ने बेटी को यात्रा का वृत्तान्त सुनाते हुए कहा कि एयर इण्डिया न केवल समय की पाबन्द है बल्कि यात्रा के दौरान एयर इण्डिया की सेवाएँ भी बहुत अच्छी थीं। जाहिर था बेटी की राय पढ़ी हुई या सुनी-सुनायी बातों पर बनी थी, जबकि पिता का अनुभव कुछ और था।

इसी तरह एक बार एक बड़े औद्योगिक संस्थान को अपना निर्यात ऑर्डर गँवाना पड़ गया। मुख्य कार्यकारी अधिकारी द्वारा बुलाई गयी बैठक में जब सम्बन्धित अधिकारियों से पूछताछ हुई तो उन्होंने सारा दोष जनसम्पर्क विभाग पर मढ़ते हुए कहा कि संस्थान की खराब छवि के लिए जनसम्पर्क विभाग जिम्मेदार है। मुख्य कार्यकारी अधिकारी, जो काफी समझदार और सन्तुलित व्यक्ति थे, बोले मैं आपसे बिल्कुल सहमत नहीं हूँ। हमारी छवि तो उस देश में अच्छी है यह ऑर्डर हमने अपनी खराब छवि नहीं बल्कि अपनी लचर तैयारी की वजह से गँवाया है। सच तो यह है कि हमने बोली प्रतिस्पर्द्धात्मक नहीं रखी और न समय पर अनुवर्ती कार्रवाई की। हमने सही लोगों से सही समय पर सही तरीके से बात नहीं की और न ही हमने बातचीत में संस्थान में उपलब्ध विशेषज्ञों की राय लेना जरूरी समझा। मुद्‌दे की बात यह कि हमनें एक महत्त्वपूर्ण ऑर्डर गँवा दिया है और अब अपनी भूल से सबक सीखें।

छवि निर्माण

उपरोक्त दो उदाहरण मैंने छवि के मिथक और यथार्थ को साबित करने के लिए दिये थे। ऑक्सफोर्ड डिक्शनरी के अनुसार छवि का अर्थ है प्रतिष्ठा या व्यक्ति या वस्तु के बारे में सामान्य रूप से बननेवाली राय। यह लम्बे समय के दौरान किसी संस्थान या व्यक्ति के प्रदर्शन के साथ-साथ उसकी छवि निर्माण के तरीकों तथा प्रयासों की निरन्तरता द्वारा निर्मित विचारों पर आधारित होती है। छवि निर्माण किसी संस्थान के लिए एक महत्त्वपूर्ण कार्य है जो पेशेवर तौर पर किया जाना चाहिए। तात्पर्य यह है किसी भी संस्थान का छवि निर्माण उसके मुख्य कार्यकारी अधिकारी के मार्गदर्शन में पेशेवर विशेषज्ञों द्वारा संचालित होना चाहिए। इससे पहले कि यह धारणा बने कि केवल जनसम्पर्क विभाग किसी संस्था के छवि निर्माण के लिए जिम्मेदार है, मैं यह स्पष्ट कर दूं कि बृहद रूप से किसी संस्था का छवि निर्माण उसके मुख्य कार्यकारी अधिकारी तथा वहाँ काम करनेवाले हर व्यक्ति का जिम्मा है। दूसरे शब्दों में कहा जाये तो हर कर्मचारी तथा उनके परिवारजन जनसम्पर्क सहयोगी हो तो जनता के बीच संस्था की एक सकारात्मक और सही छवि बनती है।

बाह्य-जन

जनसम्पर्क की शब्दावली में बाह्य-जनों में अनेक हितधारक शामिल है जैसे- सार्वजनिक उपक्रमों के मालिक के रूप सरकार, ग्राहक, वर्तमान और भावी निवेशक, निर्णयकर्त्ता, मत निर्माता, अकादमिक व्यक्ति, पेशेवर व अन्य निकाय तथा सर्व-सामान्य जन।

इस सन्दर्भ में यह जानना महत्त्वपूर्ण है किस माहाले में इस संचार को मीडिया के माध्यम से प्रसारित किया जाना है। उदाहरण के लिए किसी भी समाचार-पत्र ले लें, आपको पता चल जायेगा कि करीब 95 प्रतिशत जगह गैर-विकासात्मक समाचारों को मिल जाती है। ज्यादातर जगह राजनैतिक या सम्बन्धित पहलुओं की खबर को दी जाती है। फिर स्थानीय समाचार, खेल, व्यापार, वर्गीकृत या अन्य विज्ञापन भी काफी स्थान ले लेते हैं। हमारे समाचार-पत्रों में सम्पादक काफी अनुशासित समय सीमा के भीतर काम करते हैं। इस दौरान उन्हें सारी सामग्री एकत्रित कर न्यूनतम समय सीमा के भीतर सम्पादित कर जगह की कमी से जूझते हुए समायोजित करनी होती है। ऐसे में विकास आधारित समाचार सामग्री प्राथमिकता क्रम में काफी नीचे आ जाती हैं।

वैसे भी नकारात्मक घटनाएँ खबरों के लिहाज से ज्यादा लोकप्रिय होती हैं। इसीलिए समाचार-पत्र अक्सर किसी संस्थान के कार्य के नकारात्मक पहलुओं को तरजीह देते हैं। सकारात्मक खबरें इतनी जगह नहीं पाती। नये दौर में संवाददाता

आम तौर पर अपने क्षेत्रों में विशेषज्ञता पाने लगे हैं, जैसे ऊर्जा, कपड़ा, संचार, विज्ञान, तकनीकी आदि। समय के साथ ये संवाददाता अपने-अपने क्षेत्रों की जानकारी के लिए स्रोत विकसित कर लेते हैं और अपने विश्वस्त सूत्रों का दायरा काफी बढ़ा लेते हैं।

एक अच्छा पेशेवर जनसम्पर्क कर्मी अपनी क्षमता के अनुसार अखबारों, पत्रिकाओं के कॉलमों में तथा इलेक्ट्रॉनिक मीडिया में अपने संस्थानों के बारे में अच्छी खबरों के लिए जगह बना लेता है। यही उसकी क्षमता की कसौटी होती है।

भ्रान्तियाँ

कई उपक्रमों में जनसम्पर्क कर्मियों को लेकर अनेक पूर्वाग्रह होते हैं। उसे अक्सर समाचार कर्मी माना जाता है और संस्थान की बैठकों मैं बुलाया नहीं जाता कहीं वह सूचनाएँ मीडिया में लीक न कर दे। यद्यपि यह दुखद है परन्तु इसके लिए केवल प्रबन्धन को ही दोषी नहीं माना जा सकता। जनसम्पर्क कर्मियों को भी आत्मपरीक्षण करने की जरूरत है। कहीं इस तरह की धारणा के लिए वे स्वयं ही तो जिम्मेदार नहीं है? यदि ऐसा है तो सुधार के प्रयास भी उन्हीं को करने होंगे। इस स्थिति में उन्हें मौखिक प्रयासों की बजाय प्रबन्धन के सम्मुख अपनी प्रामाणिकता कार्यों द्वारा स्थापित करना चाहिए। सबसे महत्त्वपूर्ण बात यह है की संस्थान के उद्देश्यों की प्राप्ति के लिए प्रबन्धन तथा जनसम्पर्क कर्मियों के बीच आपसी विश्वास और तालमेल होना चाहिए।

जनसम्पर्क कर्मी को प्रबन्धन तथा अन्य अधिकारियों के बीच अपने कार्यों द्वारा स्वीकार्यता बढ़ानी होती है। कोई संस्थान बहुत अच्छा कार्य कर रहा होता है परन्तु जनता के बीच इसे प्रचारित करने का जिम्मा किसका है? जवाब होगा जनसम्पर्क कर्मी का। ऐसी स्थिति में जनसम्पर्क कर्मी को चाहिए कि वह अपने संस्थान के लोगों से मिलने पूरा प्रयास करे, सार्थक जानकारी एकत्रित करें और इसे मीडिया में स्वीकार्य भाषा द्वारा समाचार-पत्रों और इलेक्ट्रॉनिक माध्यमों के जरिये लोगों में प्रसारित करें। दूसरे शब्दों में कहा जाये तो एक जनसम्पर्क कर्मी के लिए स्वयं को संस्थान के लिए और उसके अनेक विभागों के लिए विशेष रूप से उपयोगी साबित करना होगा। इसके लिये ऊँचे दर्जे की व्यावसायिक क्षमता की आवश्यकता होगी।

जनसम्पर्क के बारे में एक और भ्रान्ति बनी हुई है। यह कहा जाता है कि जनसम्पर्क कर्मी सही या गलत तरीके से अपने संगठन के काम करा सकता है। यह गलत है। जनसम्पर्क कर्मी को भी ऊँचे दर्जे की नैतिकता और व्यवहार बनाये रखना होता है और मीडिया की जवाबदेही को ध्यान में रखते हुए प्रभावी ढंग से उसे साधने की रणनीति बनानी होती है।

राष्ट्रीय स्तर के एक मीडिया संस्थान द्वारा आयोजित कार्यशाला की चर्चा का विषय था, "यदि मुख्य कार्यकारी अधिकारी संकोची और प्रचार से परहेज करनेवाला हो तो जन सम्पर्क अधिकारी अपना काम कैसे करे?" लगभग सभी प्रतिभागी एकमत थे कि जनसम्पर्क की पेशेवर योग्यता की यह सबसे बड़ी परीक्षा होगी क्योंकि वह जनता से यह नहीं कह सकता कि हमारा शीर्ष अधिकारी प्रचार से परहेज करता है। उसे अपना काम करने के लिए संगठन के विभागों से उपयोगी जानकारी प्राप्त करके मीडिया तक पहुँचाना होगा। समय के साथ वह उच्च प्रबन्धन तथा अध्यक्ष को निरन्तर प्रभावी संचार की उपयोगिता के बारे में राजी कर सकता है।

पीना और खाना

एक समय था जब जनसम्पर्क कर्मियों के बारे में धारणा थी कि वह अपना ज्यादातर वक्त पीने-पिलाने या दावतों में व्यतीत करते हैं। यह बिल्कुल गलत और दुर्भावनापूर्ण धारणा है। आप प्रामाणिक पत्रकारों को इस तरह के लालच से खरीद नहीं सकते। पीना और खाना अच्छे पत्रकार की प्राथमिकता नहीं होती। वह तो केवल विशेष खबरों की तलाश में रहता है।

राष्ट्रीय अखबार के एक वरिष्ठ संवाददाता लगभग दो दशकों से सार्वजनिक उपक्रम के जनसम्पर्क अधिकारी के मित्र रहे। उन्होंने कभी भी जनसम्पर्क अधिकारी के भोजन के निमन्त्रण को स्वीकार नहीं किया। ऐसा नहीं था कि वह रूखे या घमण्डी व्यक्ति थे। परन्तु भोजन के निमन्त्रण को स्वीकार करने के बजाय उनकी प्राथमिकता हमेशा एक अच्छी खबर रही। सच तो यह है कि उनकी लिखी कुछ खबरें उपक्रम के लिए कठिन दिनों से उबरने में सहायक साबित हुई। जनसम्पर्क कर्मी तोहफे देकर या भोजन के लिए आमन्त्रित कर या अन्य सुविधाएँ प्रदान कर अपना काम नहीं कर सकता, बल्कि गरिमा के साथ सही ढंग से अपने लक्ष्य को पा सकता है। हाँ उसकी कल्पकता, छवि और उपाय कुशलता जरूर उसके ज्यादा काम आ सकती है।

अच्छे प्रदर्शन का विकल्प नहीं

अक्सर यह कहा जाता है कि जनसम्पर्क कर्मी किसी-न-किसी तरह से संगठन की अच्छी छवि मीडिया में प्रसारित करा सकता है। जनसम्पर्क को अच्छे प्रदशर्न के विकल्प के रूप में नहीं देखा जाना चाहिए। यह सम्भव है कि प्रभावी जनसम्पर्क से कभी-कभी संगठन की आलोचना को कम करने में मदद मिल सकती है। परन्तु पूर्ण रूप से और हमेशा नहीं। इसलिए जरूरी है कि अच्छे जनसम्पर्क विभाग के साथ-साथ संगठन को प्रदर्शन भी अच्छे स्तर का करना होगा। प्रतिस्पर्द्धा के इस दौर

में हर क्षेत्र में हर कदम पर केवल योग्य व्यक्ति ही मैदान में बने रह पाते हैं। सृजनशीलता, स्फूर्ति और दूरंदेशी ही काफी हद तक जनसम्पर्क कर्मी को कुशल और प्रभावी बनाते हैं। उसे माहौल की समझ के साथ अपनी रणनीति बनाकर ईमानदारी, मेहनत और पेशेवर क्षमता के साथ आगे बढ़ना चाहिए। उसे भावी सम्भावनाओं के पूर्वानुमान के साथ स्वयं को तैयार करते रहना होगा।

नजरिया

अन्तिम लेकिन महत्त्वपूर्ण बात यह देखना है कि एक पेशेवर जनसम्पर्क कर्मी अपने काम के प्रति कैसा रवैया रखता है। अन्य नौकरशाहों की मानसिकता के विपरीत जनसम्पर्क अधिकारी चाहे अपने संगठन के शीर्ष पायदान पर भी पहुँच गया हो उसे कुर्सी पर बैठे-बैठे काम को अंजाम देने के प्रवृत्ति से बचना चाहिए। उसे बहिर्मुखी होना चाहिए और हर क्षेत्र के हर स्तर के लोगों से मिलते रहना चाहिए। तभी वह समाज की नब्ज पकड़ सकता है और सभी लोगों के बीच सेवाएँ देकर अपने संगठन की छवि को बाह्य जनों के बीच प्रस्तुत कर सकता है। जनसम्पर्क विभाग द्वारा जारी किये जानेवाली संचार सामग्री और प्रसारित करने के तरीके की दृष्टि से इस काम को ध्यान रखा जाना चाहिए कि प्रत्येक सूचना बाह्य जनों के बीच एक सकारात्मक प्रभाव छोड़ें।

अध्याय 7

जनसम्पर्क और सार्वजनिक क्षेत्र की चुनौतियाँ

पिछले दो दशकों में राष्ट्रीय अर्थव्यवस्था में सार्वजनिक क्षेत्र की भूमिका और स्थान में काफी बदलाव आया है। यह बदलाव सरकार की आर्थिक और औद्योगिक नीति में किये गये व्यापक परिवर्तनों का परिणाम है। सार्वजनिक क्षेत्र जो पूर्व में एक राष्ट्रीय अनिवार्यता के रूप में देखा जाता था, अब सरकारी संरक्षण से बाहर हो गया था। उदारीकरण तथा आर्थिक पुनर्गठन की यह प्रक्रिया जुलाई 1991 के सरकारी निर्णय से प्रारम्भ हुई थी। नयी नीति का उद्देश्य सभी को बाजार की प्रतिस्पर्द्धा में समान अवसर प्रदान करना था। अब किसी उद्यम का स्वामित्व इतना महत्त्वपूर्ण नहीं रह गया था। बल्कि उसकी प्रतियोगिता का सामना करने और लक्ष्यों तथा व्यापक उद्देश्यों को प्राप्त करने की क्षमता पर अधिक जोर दिया जाने लगा था। ऐसे में निजी क्षेत्र के उद्योगों का आहत होना लाजमी था। इसका तात्पर्य यह नहीं कि सार्वजनिक क्षेत्र सामाजिक और आर्थिक परिवर्तन के साधन के तौर पर अपने लक्ष्यों की पूर्ति में विफल रहा। सच तो यह है कि सार्वजनिक क्षेत्र ने एक मजबूत ढाँचे की नींव रखी थी जो त्वरित विकास के लिए एक अनिवार्य शर्त थी। बदले हुए परिदृश्य में सार्वजनिक क्षेत्र में जनसम्पर्क की भूमिका में भी बदलाव आया। सार्वजनिक क्षेत्र को सरकारी और गैरसरकारी मीडिया में अब तक मिलता आया संरक्षण और समर्थन अब बन्द हो गया।

अब तक प्रिण्ट और इलेक्ट्रॉनिक दोनों ही प्रकार के मीडिया में सार्वजनिक क्षेत्र के उपक्रमों को बहुत कवरेज मिलता था, क्योंकि वह सरकार का ही एक विस्तारित अंग माने जाते थे। मुझे याद है एक बार एक प्रेस विज्ञप्ति के आधार पर मीडिया में एक सार्वजनिक क्षेत्र के उपक्रम के बारे में बड़ी प्रशंसात्मक रिपोर्ट छपी। परन्तु उसमें एक निजी उद्योग का जिक्र था जिसे अनदेखा कर दिया। पूछे जाने पर बताया गया कि हम निजी कम्पनियों के बारे में लगातार कुछ-न-कुछ छापते ही नहीं रह सकते।

राष्ट्रीय अर्थव्यवस्था में आये भारी परिवर्तन और उसके प्रभाव के चलते जनसम्पर्क की भूमिका में भी हुए बदलाव को लेकर स्कोप नामक एक संस्था ने एक राष्ट्रीय सेमिनार कुछ वर्षों पहले नयी दिल्ली में आयोजित किया। विषय था 'जनसम्पर्क और सार्वजनिक क्षेत्र'। इस सेमिनार में प्रमुख उपक्रमों के 40 से अधिक वरिष्ठ तथा मध्यम स्तर के जनसम्पर्क कर्मियों ने गहन विचार-विमर्श किया। प्रतिभागियों में देश के बड़े और मध्यम स्तर के उत्पादन, व्यापार, बैंकिंग बीमा और सेवा क्षेत्र के उपक्रमों के प्रतिनिधि शामिल थे।

वक्ताओं में टेक्नोक्रेट, अर्थशास्त्री, अफसरशाह, पत्रकार, शिक्षाविद् और अनुभवी पेशेवर जनसम्पर्क कर्मी शामिल थे। मुख्य रूप से जो मुद्दा स्पष्ट रूप से उभर कर आया, वह था मुख्य कार्यकारी अधिकारियों को अपने संगठनों के जनसम्पर्क विभाग को मार्गदर्शन और पूर्ण समर्थन दें और उन्हें संगठन की नीति निर्धारण प्रक्रिया का अभिन्न हिस्सा बनायें । दूसरी ओर जनसम्पर्क कर्मियों को भी चाहिए कि वे संगठन के लिए अपनी उपयोगिता सृजनात्मकता हमेशा चौकस रहकर साबित करते रहे। वे अपने खुद को केवल संकटमोचक के रूप में ना देखें, बल्कि बदली हुई परिस्थितियों के अनुसार स्वयं को डालते हुए नयी रणनीति के साथ छवि निर्माण की अद्यतन तकनीक का उपयोग करें। इस कार्य में स्कोप जैसे संस्थान भी क्षेत्रीय समिति स्तर पर सेमिनार और कार्यशालाएँ आयोजित कर जागरूकता पैदा करते हुए महत्त्वपूर्ण भूमिका निभा सकते हैं। वे अपनी गतिविधियाँ केवल दिल्ली तक ही सीमित नहीं रखें। वक्ताओं में टेक्नोक्रेट, अर्थशास्त्री , अफसरशाह, पत्रकार, शिक्षाविद और अनुभवी पेशेवर जनसम्पर्क कर्मी शामिल थे। मुख्य रूप से जो मुद्दा स्पष्ट रूप से उभरकर आया, वह था मुख्य कार्यकारी अधिकारियों को अपने संगठनों के जनसम्पर्क विभाग को मार्गदर्शन और पूर्ण समर्थन दें और उन्हें संगठन की नीति निर्धारण प्रक्रिया का अभिन्न हिस्सा बनायें । दूसरी ओर जनसम्पर्क कर्मियों को भी चाहिए कि वे संगठन के लिए अपनी उपयोगिता सृजनात्मकता हमेशा चौकस रहकर साबित करते रहें। वे अपने खुद को केवल संकटमोचक के रूप में ना देखें, बल्कि बदली हुई परिस्थितियों के अनुसार स्वयं को डालते हुए नयी रणनीति के साथ छवि निर्माण की अद्यतन तकनीक का उपयोग करें। इस कार्य में स्कोप जैसे संस्थान भी क्षेत्रीय समिति स्तर पर सेमिनार और कार्यशालाएँ आयोजित कर जागरूकता पैदा करते हुए महत्त्वपूर्ण भूमिका निभा सकते हैं। वे अपनी गतिविधियां केवल दिल्ली तक ही सीमित नहीं रखें।

एक विचारोत्तेजक उद्बोधन में स्कोप के महासचिव ने 1950 से सार्वजनिक क्षेत्र के विकास और प्रगति पर प्रकाश डाला और निजी उद्योग की भूमिका का भी

विश्लेषण किया। उन्होंने कहा कि 1950-60 के दशकों में निजी क्षेत्र बड़े उद्योगों की स्थापना के लिए लम्बे समय तक के लिए भारी निवेश के लिए सक्षम नहीं था। जबकि यह राष्ट्र की एक बड़ी जरूरत थी। इन परिस्थितियों में यह एक व्यावहारिक मजबूरी ही थी कि सार्वजनिक क्षेत्र को देश की आत्मनिर्भरता और आर्थिक विकास के साधन के रूप में खड़ा किया जाये। सार्वजनिक क्षेत्र को बड़े व्यावसायिक घरानों के सम्भावित एकाधिकार के प्रतिकार के रूप में भी इस्तेमाल किया गया।

विश्व भर के विकासशील देशों के पिछले चार दशकों के परिदृश्य को देखें तो पता चलता है कि 1950 से 60 के दशकों में आर्थिक विकास के लिए सार्वजनिक क्षेत्र की भागीदारी पर ही सारा जोर होता था। लेकिन 1980 और 90 के प्रारम्भ में स्थिति पलटी क्योंकि सार्वजनिक क्षेत्र गतिशील और बदलती दुनिया के अनुरूप खुद को ढालने में विफल रहा। यह मोटे तौर पर उस क्षेत्र में उपक्रमों के संचालन में सख्ती और प्रबन्धन में नौकरशाही और राजनीतिक हस्तक्षेप के कारण भी हुआ। इसके परिणामस्वरुप विश्व भर में निजीकरण के पक्ष में दबाव बढ़ने लगा। निजी क्षेत्र के मुकाबले में सार्वजनिक क्षेत्र के प्रदर्शन को लेकर पहले से बहस जारी है। सच तो यह है कि सार्वजनिक क्षेत्र निवेश और प्राप्ति के पैमाने पर पर्याप्त मुनाफा नहीं दे पाया है। इसके दो प्रमुख कारण हैं (1) विशाल सामाजिक दायित्वों पर खर्च और (2) सार्वजनिक उपक्रमों का अलाभकारी व्यवसायों में प्रवेश।

एक और कारण यह भी रहा कि निजी क्षेत्र के डूबते हुए उपक्रमों को सार्वजनिक क्षेत्र के लिए अधिग्रहीत कर लिया गया। कुछ अन्य कारक हैं नौकरशाही दस्तूर से इस क्षेत्र का संचालन, कई तरह की बन्दिशे, राजनीतिक हस्तक्षेप और वाणिज्यिक गुणों से परे जाकर कीमतों का निर्धारण। परन्तु निजीकरण को सब कमजोरियों के इकलौते इलाज के रूप में नहीं देखना भी सही नहीं है। उपाय तो सार्वजनिक क्षेत्र को नौकरशाही और लाइसेन्सराज की बेड़ियों से मुक्त कर निजी उद्यमों की तरह पूरी तरह से वाणिज्यिक तौर पर संचालित करने में निहित है। साथ-ही-साथ सार्वजनिक क्षेत्र में जनसम्पर्क की भूमिका में भी भारी बदलाव की जरूरत है। इसे और व्यावहारिक, पूर्वानुमानिक, आक्रामक और परिणामोन्मुख होना चाहिए। पहली जरूरत तो जनसम्पर्क को पूरी तरह से पेशेवर ढंग से चलाये जाने की है। इसे हर किसी को योग्यता, क्षमता या रुझान को परखे बिना सौंपा जाना ठीक नहीं है। जनसम्पर्क केवल ओढी हुई चतुराई की बात नहीं है।

इसमें पूर्ण प्रतिबद्धता के साथ अपने काम में लीन हो जाना बहुत आवश्यक है। यह गम्भीर और परिश्रम वाला काम है। वह नहीं जिसमें 10:00 बजे से 5:00 बजे तक के कार्यालयीन समय के अलावा आप उपलब्ध ना हो। उसके लिए एक

अलग सोच की जरूरत है जो चौबीसों घण्टे अनेक प्रकार के लोगों को साधने के लिए काम आ सके। जनसम्पर्क कर्मियों को निरन्तर माहौल का अध्ययन और विश्लेषण करते हुए बदलते परिदृश्य के अनुसार रणनीतियाँ बनाते रहना पड़ता है। उन्हें काफी पढ़ाई और लोगों से मेलजोल और जानकारी एकत्र करने के अलावा अपने संगठनों के लक्ष्यों और अभियानों को पूरा करने की योजनाएँ भी बनानी होती हैं। इसके लिए जनसम्पर्क कर्मियों को अपने संगठन के खुफिया तन्त्र की तरह भी काम करना पड़ता है। साथ-ही-साथ संगठन के आन्तरिक और बाह्य संचार तन्त्र को भी साधे रहना होता है। यह सब केवल कुर्सी पर बैठकर नहीं किया जा सकता, बल्कि बाहर जाकर भिन्न-भिन्न लोगों से मिलकर ही किया जा सकता है। अपने संगठन के भीतर लोगों के आपसी संचार को बढ़ाकर जानकारी के दायरे का विस्तार करना जनसम्पर्क के ही जिम्मे होता है। वे प्रबन्धन के आंख और कान की तरह होते हैं। जनसम्पर्क विभाग को जनमत बनाने और निर्णायक संकायों तथा व्यक्तियों से निरन्तर सम्बन्ध विकसित कर उन्हे संगठन के बारे में जानकारी छोटी-बड़ी जानकारियाँ कैप्सूल के रूप में प्रदान करते रहना चाहिए, इस बात का ध्यान रखते हुए की बात बड़े लक्षित समूहों तक पहुँच सके।

इस सबके लिए जनसम्पर्क कर्मियों को काफी तैयारियाँ करते रहना होता है। इसे विभिन्न स्रोतों के जरिये संगठन के भीतर और बाहर के लोगों से जानकारी एकत्रित कर स्वीकार्य रूप में प्रसारित करते रहना होता है। इसके लिए जनसम्पर्क जनसंचार माध्यम उपलब्ध है। परन्तु वह जानकारी तभी स्वीकार करेगा जब कोई खबर होगी या प्रसारित करने योग्य कोई अभिमत होगा। रोजमर्रा की विज्ञप्तियों से बात नहीं बनेगी। बाजार की तरह ही मीडिया के कॉलम में या अन्य रूप में जगह पाने के लिए कड़ी प्रतिस्पर्द्धा से गुजरना होता है। जनसम्पर्क कर्मियों की सृजनात्मकता और संचार क्षमता पहले से कहीं अधिक कड़ी परीक्षा से गुजर रही है। क्योंकि सार्वजनिक उपक्रम आजकल राष्ट्रीय तथा अन्तरराष्ट्रीय स्तर के अनेक प्रतिस्पर्द्धियों से होड़ में हैं इसलिए जनसम्पर्क कर्मियों को भी अपनी सोच को वैश्विक स्तर पर ले जाना होगा। इसका मतलब यह नहीं वे विदेश यात्राओं का आनन्द लेने में जुट जायें। उन्हें यह सोचना होगा कि कैसे विदेशों में अपने संगठनों के हितों और छवि को स्वीकार्य बना सकते हैं। पहले उन्हें ऐसे क्षेत्रों को चुनना होगा जहाँ बाजार की सम्भावना दिखती है। साथ-ही-साथ विदेशों में छवि निर्माण का कार्य भी जारी रहना चाहिए।

विश्व भर में सूचना प्रौद्योगिकी के चलते सम्पूर्ण क्रान्ति आ गयी है। अब संचार के पारंपरिक तरीकों से आगे जाना होगा और बदलते समय के अनुसार स्वयं को

ढालते हुए खतरों को अवसर में बदलना होगा। जनसम्पर्क अधिकारियों को अपने उपक्रमों में होने वाली सभी अच्छी बातों के बारे में प्रचार करने में जरा भी संकोच नहीं करना चाहिए। साथ ही अपने उद्योग से सम्बन्धित चुनौतियों, समस्याओं और खतरों के बारे में भी मीडिया से जानकारी साझा करते रहना चाहिए ताकि उनकी विश्वसनीयता बनी रहे और मीडिया का समर्थन और प्रोत्साहन भी बना रहे। जनसम्पर्क एक उच्चस्तरीय प्रबन्धन का काम है और इसे संगठन की नीति निर्धारण का अभिन्न अंग होना चाहिए। यह उचित होगा कि संगठन भी उपक्रमों सम्बन्धी निर्णय और उनके बारे में जानकारी के प्रसार को लेकर जनसम्पर्क अधिकारियों को विश्वास में ले। वे खोजी पत्रकार नहीं है, संगठन के प्रवक्ता हैं जिन्हें उपक्रमों के बारे में सही छवि और जानकारी अन्य जनों के बीच प्रचारित करने का जिम्मा सौंपा गया है। वे प्रबन्धन के समर्थन से अपनी भूमिका आत्मविश्वास और सही मार्गदर्शन के साथ आपसी तालमेल के माहौल में बेहतर ढंग से कर सकते हैं।

अध्याय 8

प्रदर्शन के मूल्यांकन के लिए कॉरपोरेट संचार

वित्त, कार्मिक, कम्पनी-सचिव और विपणन जैसे पेशों में स्पष्ट रूप से परिभाषित तौर-तरीकों से काम करने की गुंजाइश है। यह मूलतः किसी भी संगठनात्मक ढाँचे में उनके निहित स्थान की वजह से है। किसी भी संगठन की शुरुआत के समय से ही इन कार्यों की देखरेख के लिए विभागों की स्थापना होती है। एक कार्य-क्षेत्र या विभाग के रूप में कॉरपोरेट संचार का उद्‌भव हाल ही का है। कॉरपोरेट संचार अलग-अलग लोगों द्वारा अलग-अलग रूप में देखा जाता है। कुछ लोगों के लिए कॉरपोरेट संचार संगठनात्मक संचार का ही रूप है। दूसरों का मानना है कि यह जनसम्पर्क का एक नया अवतार है। कुछ लोग ऐसे भी हैं जो इसे प्रबन्धन सूचना प्रणाली, कम्पनी प्रकाशन, विज्ञापन, सम्पर्क और इसी तरह के कार्य के समान मानते हैं।

कॉरपोरेट संचार को लेकर आमतौर पर स्पष्ट धारणाएँ नहीं हैं, क्योंकि यह अभी भी विकसित हो रहा है। यह अवधारणा शीर्ष प्रबन्धन के लोगों में बढ़ती इस मान्यता का हिस्सा है कि संचार कॉरपोरेट लक्ष्यों और उद्‌देश्यों की प्राप्ति के लिए आवश्यक रणनीतिक संसाधन है।

कॉरपोरेट संचार का अर्थ है, औपचारिक या अनौपचारिक, बाह्य या आन्तरिक, उच्चाधिकारियों की ओर से निचले क्रम के सहयोगियों के लिये या इसके विपरीत क्रम में या समवर्गीय सहयोगियों के बीच कॉरपोरेट सन्दर्भ में की गयी सभी संचार गतिविधियाँ।

कॉरपोरेट संचार और जनसम्पर्क

जनसम्पर्क किसी संस्था, व्यक्ति या व्यक्तियों की सफलता के लिए उनकी छवि को आकार देकर पेश करने के अभियान का एक महत्त्वपूर्ण तत्त्व है। सफलतम लोग अच्छी छवि को एक मूल संसाधन के रूप में उसी तरह से देखते हैं जिस तरह से वे वित्त या विपणन को देखते हैं।

जब सरकार, उद्योग, पर्यावरण और जनता का परस्पर विचार-विमर्श अत्यन्त जटिल हो जाता है, जनसम्पर्क कॉरपोरेट मामलों का एक अनिवार्य घटक बन जाता है।

जनसम्पर्क किसी कॉरपोरेट संस्था का जनता के साथ समझ, स्वीकृति और समर्थन प्राप्त के उद्‌देश्य से किया गया संवाद है। मीडिया एवं कम्युनिकेशंस विशेषज्ञ अलेहो विलन्यूएवा के अनुसार जनसम्पर्क केवल मीडिया में हासिल होनेवाले स्थान, सतही चमक या छवि की बात नहीं है। जनसम्पर्क किसी निरन्तर ठोस प्रदर्शन की सार्वजनिक मान्यता है। जनसम्पर्क को अच्छे प्रदर्शन की अभिस्वीकृति के रूप में देखा जा सकता है।

किसी भी गतिविधि के लिए लक्षित समूहों को स्पष्ट रूप से जानना, प्रत्येक समूह के लिए सूचना की आवश्यकता, प्रणाली और सूचना के स्रोत के बारे में जानना जरूरी है। इसके लिए एक पेशेवर जनसम्पर्क कर्मी द्वारा सतत अभ्यास और विस्तृत तैयारी की आवश्यकता होती है। फिर यह एक बार की बात नहीं है। बल्कि बदलते तौर-तरीकों और वातावरण के अनुरूप एक अच्छी तरह से सोची हुई संचार रणनीति से कॉरपोरेट लक्ष्यों की प्राप्ति के लिए की गयी एक अविरल गतिविधि है। इसके लिये जनसम्पर्क या कॉरपोरेट कम्युनिकेशन प्रबन्धक के लिए एक कार्यसूची तैयार करना उपयुक्त होगा।

जनसम्पर्क प्रबन्धकों के लिए कार्यसूची

जनसम्पर्क प्रबन्धक की कार्यसूची का सबसे पहला और महत्त्वपूर्ण बिन्दु है आन्तरिक और बाह्य जनों के लिए कॉरपोरेट नीतियाँ और संचार की रणनीति तैयार करने में मदद करना। इसके लिए कॉरपोरेट लक्ष्यों, मिशन और दृष्टि, मौजूदा वातावरण की पृष्ठभूमि में संगठन की आवश्यकता के अनुसार सही छवि बनाने के लिए विभिन्न जनों के बीच सूचना प्रसार की नीति बनाना जरूरी है। इस रणनीति के तहत उन लक्ष्यों को प्राप्त करने के लिए जनसम्पर्क के लक्ष्यों और कार्य योजना को तैयार की जाती है।

बड़े निगमों प्रत्येक वर्ष के लिए या कुछ वर्षों के लिए एक विस्तृत जनसम्पर्क रणनीति तैयार की जाती है। यह दस्तावेज जनसम्पर्क प्रबन्धकों के लिए कॉरपोरेट और इकाईयों के स्तर पर दिशा-निर्देश के रूप में कार्य करता है ताकि समग्र कार्ययोजना एक प्रतिमान के अनुरूप हो। इससे किसी तरह की पहल को दबाने की बजाय स्पष्ट रूप से निर्धारित दिशा में काम करने में मदद मिलती है।

दूसरी बात यह है कि प्रभावी प्रबन्धन के लिए जनसम्पर्क प्रबन्धकों को निरन्तर संचार पर्यावरण का अवलोकन करते हुए विभिन्न संचार उपकरणों की पहचान और

उपयोग करना होता है। हमें याद रखना होगा कि जनसम्पर्क मनुष्यों से संवाद की बात है, मशीनों साथ की नहीं। इन्सान कई तरह के भावनात्मक प्रभावों, चढ़ाव-उतार, वैचारिक धाराओं प्रतिधाराओं के प्रति संवेदनशील होता है जबकि मशीनें निश्चित प्रक्रिया के अनुरूप काम करती हैं। संचार प्रबन्धक को शीर्ष प्रबन्धन की आवश्यकता के अनुसार विभिन्न संचार उपकरणों का श्रेष्ठतम उपयोग करना होता है।

तीसरा बिन्दु है संगठनात्मक नीतियों के अनुरूप संचार प्रक्रियाओं का उपयोग करते हुए विभिन्न कार्य समूहों के बीच घनिष्ठ और निरन्तर बातचीत का ऐसा वातावरण बनाना जिससे विभिन्न लोगों के साथ एक समझ विकसित करने में मदद मिले।

कार्यसूची के चौथे बिन्दु के अनुसार संचार प्रबन्धक को संगठन में चल रही संचार गतिविधियों की नियमित निगरानी करते हुए विभिन्न जनों और संस्था की इकाइयों के बीच की संचार आवश्यकताओं की पहचान करना है। कॉरपोरेट संचार रणनीति का मुख्य लक्ष्य समूह है आन्तरिक जन जिनमें सबसे निचले स्तर से लेकर शीर्ष स्तर के कर्मचारी और उनके परिवार शामिल हैं। फिर बाह्य जनों में ग्राहक, सरकारी अधिकारी, हितधारक या निवेशक, विशेष रुचि समूह और जन मीडिया आते हैं। प्रत्येक लक्ष्य समूह की सूचना की जरूरतें अलग-अलग हैं। क्योंकि कम्पनी के कर्मचारियों को जिन विषयों को जानने की जरुरत है हो सकता है , सरकारी कर्मचारियों के लिए उनमें ज्यादा रुचि न हो।

एक उदाहरण से इस पहलू को बेहतर ढंग से समझा जा सकेगा। एक संगठन में प्रबन्धक से वरिष्ठ प्रबन्धक पद के लिए पदोन्नति के साक्षात्कार के दौरान उम्मीदवारों से जब उनके अपने विभागों के अलावा अन्य क्षेत्रों से सम्बन्धित प्रश्न पूछे गये तो ज्यादातर मामलों में वे जवाब नहीं दे पाये। हालाँकि वे संगठन में 10 -15 साल से काम कर रहे थे। उनका तर्क था वे सुबह से शाम तक वे अपने कार्यक्षेत्र में व्यस्त रहते हैं इसलिए उन्हें अन्य क्षेत्रों के बारे में जानने के लिए समय नहीं मिलता। अब मुद्दा यह है कि प्रबन्धक को संगठन केअन्य विभागों के महत्त्वपूर्ण पहलुओं के बारे में जानकारी प्राप्त करने के लिए प्रयास करना चाहिए या नहीं। एक प्रबन्धक जब वरिष्ठ प्रबन्धक बनना चाहता है तो उसे उन कर्मचारियों की आवश्यकताओं के बारे में जानना तो होगा जो उसके बढ़े हुए कार्यक्षेत्र में शामिल होंगे।

पाँचवी बात। जनसम्पर्क प्रबन्धक अपने तरीके से संगठन के भीतर औद्योगिक शान्ति, सद्भावना और कुशलता को बढ़ावा देने में मदद करता है। वह श्रमिकों की उपलब्धियों को प्रचारित करके उनके आत्मसम्मान और संगठन की सफलता में

भागीदारों के रूप में उनके योगदान को बढ़ावा देता है। इस तरह से मानव संसाधन और औद्योगिक सम्बन्ध प्रबन्धक के पूरक और अनुपूरक की भूमिका निभाता है। इसके साथ ही जनसम्पर्क प्रबन्धक को संगठन के बाहर भी सम्बन्धित लोगों जैसे सरकारी उद्योगों के ग्राहकों और जनता के साथ संगठनात्मक सम्बन्धों को बढ़ाने में मदद करना होती है।

संचार प्रबन्धक की कार्यसूची का अन्तिम बिन्दु है संगठन होनेवाले संचार का लेखा-जोखा तैयार करना, संगठन के लिए संचार योजनाएँ बनाना और संगठन के समग्र हित में उन्हें निष्पादित करना।

जनसम्पर्क या कॉरपोरेट संचार प्रबन्धक के लिए ऊपर दी गयी कार्यसूची केवल एक उदाहरण है, सर्वग्राही मसौदा नही। इस प्रकार जनसम्पर्क प्रबन्धक विभिन्न जनों के बीच सूचना प्रसार के जरिये संगठन की गतिविधियों के बारे में सही राय बनाने में महत्त्वपूर्ण भूमिका निभाता है। उसे इसके लिए लक्षित दर्शकों की संचार आवश्यकताओं की पहचान करके प्रत्येक लक्ष्य समूह के लिए जानकारी की आवश्यकता के अनुसार काम करने के लिए विभिन्न चैनलों और जनसंचार उपकरणों का उपयोग करना चाहिए।

अध्याय 9

डिजिटल मीडिया के माध्यम से जनसम्पर्क

डिजिटल मीडिया या न्यू मीडिया के आगमन से आज के जनसम्पर्क कर्मी अपने पूर्ववर्तियों के मुकाबले कहीं ज्यादा लाभ की स्थिति में नजर आते हैं। इण्टरनेट के चलते वे विभिन्न प्रकाशनों के साथ अनेक मुद्दों पर सीधे वार्त्ता कर सकते हैं, और साथ ही जनता की राय पर आसानी से निगाह रख सकते हैं। डब्लू ग्लिन मॅनगोल्ड और डेविड जे फॉल्ड्स के सन् 2009 के कथन के अनुसार डिजिटल मीडिया ब्राण्ड, सेवाएँ, व्यक्तित्व और मुद्दों के बारे में एक-दूसरे को शिक्षित करने की मंशा से उपभोक्ताओं द्वारा निर्मित, प्रारम्भिक, प्रसारित और उपयोग की जानेवाली ऑनलाइन जानकारी के नये स्रोतों को वर्णित करता है।

उन्होंने डिजिटल मीडिया की विस्तृत सूची बनायी है जिसमें ब्लॉग, कम्पनी-प्रायोजित चर्चापटल और चौट रूम, उपभोक्ताओं के मध्य ई-मेल, उपभोक्ता-उत्पाद या सेवा स्तर-निर्धारण (रेटिंग) वेबसाइटों और मंचों सहित ऑनलाइन, मौखिक प्रचार मंच, इण्टरनेट चर्चा बोर्ड और फोरम, ब्लॉग (डिजिटल ऑडियो, चित्र, फ़िल्म या फ़ोटोयुक्त साइट), और सोशल नेटवर्किंग वेबसाइटरू विकीपीडिया, ब्लॉग, सोशल नेटवकरू ट्विटर, ब्लॉगर, फेसबुक, माइस्पेस आदि की विस्तृत शृंखला शामिल है।

इण्टरनेट युग की चुनौतियाँ

विखण्डन के कारण, डिजिटल मीडिया में ''लागत पर प्रतिफल'' की समस्या है। यानी कभी-कभी बहुत प्रयास के बावजूद प्रभावशाली लोगों तक पहुँचने में कम सफलता मिलती है। ऐसे में अकसर सार्थक परिणाम के लिए सही श्रोताओं तक पहुँचने का प्रयास करना उचित होता है चाहे उनकी संख्या कम ही हो।

दूसरी चुनौती वांछित प्रभाव की है। आप किसी भी ब्लॉग, ट्वीट या फेसबुक पेज के बारे में कैसे जान सकते हैं कि वह लक्षित वर्ग के श्रोताओं या दर्शकों को उचित रूप से प्रभावित कर रहे हैं या नहीं? यह जानने के लिए कोई सीधी तकनीक

नहीं है। उनकी उपयुक्तता की जाँच के लिये आप ब्लॉग, ट्वीट्स और फेसबुक पोस्टिंग को फालो कर सकते हैं। इस बात की जाँच भी की जा सकती है कि आप टेक्नोराती जैसी सेवाओं के माध्यम से अन्य लोगों के ब्लॉगों में दिखाए। आप टेक्नोराती के साथ ही ब्लॉग रैंकिंग भी निर्धारित कर सकते हैं। आप फेसबुक पृष्ठ पर मित्रों की संख्या और प्रकार की जाँच भी कर सकते हैं। आप एक व्यक्ति या संगठन द्वारा भेजे ट्वीट्स के अनुसरणकर्त्ताओं की संख्या की जाँच कर सकते हैं। हालाँकि, इनमें से कोई भी आप की पहुँचवाले दर्शकों के प्रकार और प्रभाव को निर्धारित करने का निश्चित साधन नहीं माना जा सकता। फ़िलहाल डिजिटल मीडिया के लिए कोई ऑडिट ब्यूरो ऑफ सर्क्यूलेशन नहीं है।

तीसरी चुनौती समय की है। डिजिटल मीडिया का इस्तेमाल करने के लिए प्रत्येक माध्यम में अन्य प्रतिभागियों के बीच स्थान बनाना और विश्वास निर्माण करना सीखने की जरूरत है। श्रोता या दर्शक कार्य सम्बन्धी सन्देश प्राप्त करने से पहले जनसम्पर्क कर्मियों के सुदृढ सम्बन्धों की अपेक्षा करते हैं, लेकिन यह तभी सम्भव होता है जब निरन्तर सम्पर्क बने रहें। उदाहरण के लिए, यदि आप ऑटो उद्योग में मीडिया सम्बन्ध विशेषज्ञ हैं, तो आप उस समय उस उद्योग में प्रभावशाली सम्पर्क बना सकते हैं। लेकिन, क्या होगा जब आप ऑटो उद्योग छोड़ एयरलाइन्स में चले जायें? तब आपको नये सिरे से सम्पर्क बनाना पड़ सकता है।

डिजिटल मीडिया के माध्यम से जनसम्पर्क

ऐसे माहौल में जहाँ परम्परागत मीडिया में जनसम्पर्क की आवश्यकताएँ कम नहीं हो रही उभरते हुए डिजिटल मीडिया या नये मीडिया का विस्तार आनेवाले समय में जनसम्पर्क कर्मियों के लिए विमर्श का विषय रहेगा। ऐसे में परम्परागत जनसम्पर्क यानी प्रत्यक्ष मेलजोल पर प्रौद्योगिकी-केन्द्रित डिजिटल मीडिया का प्रभाव हावी हो जायेगा तब जनसम्पर्क कर्मियों के कार्य के मूल्यांकन की पेचीदगियाँ बढ़ सकती है। इसके लिए निम्नलिखित युक्तियाँ उपयोगी साबित हो सकती हैं–

ई-मेल का विवेकपूर्ण उपयोग

जनसम्पर्क के काम में इलेक्ट्रॉनिक मेल कम-से-कम पाँच उपयोग हैं– 1. किसी कम्पनी या जनसम्पर्क विभाग के भीतर निर्देशित संचार 2. कम्पनी के भीतर व्यापक आन्तरिक संचार (जैसे कर्मचारियों के लिये ऑनलाइन न्यूजलेटर या अन्य सूचनायें), 3. एजेन्सियों और उनके ग्राहकों के बीच संचार, 4. जनसम्पर्क विशेषज्ञों और मीडिया के सदस्यों के बीच संचार, और, 5. संगठनात्मक प्रवक्ताओं के लिए साक्षात्कार के अवसरों का निर्माण।

निर्देशित संचार—छोटी कम्पनियों में भी, इलेक्ट्रॉनिक मेल टेक्स्ट फाइलों को साझा करने और दस्तावेजों को संशोधित करने में सहायक है। हालाकि यही परिणाम डिस्क पर जानकारी संग्रहीत करके और एक कम्प्यूटर से दूसरे में लोड हो सकता है, ई-मेल द्वारा संचार प्रक्रिया में खो जाने या क्षतिग्रस्त होने की समस्या से बचा जा सकता है। देश और विश्वव्यापी कम्पनियों के लिए, इलेक्ट्रॉनिक मेल पेपर मेल की तुलना में तेज और टेलीफोन या फैक्स मशीन की तुलना में सस्ता है।

गोपनीय जानकारी को लेकर काम करनेवाली कुछ कम्पनियाँ इलेक्ट्रॉनिक मेल द्वारा भेजी गयी सूचना की सुरक्षा के बारे में चिन्तित रहती हैं। प्रतिद्वन्द्वियों या अन्य अवांछित प्राप्तकर्त्ताओं द्वारा सूचनाओं को अवरुद्ध करने या चुराने के कुछ खतरे होते हैं, लेकिन ये खतरे उतने बड़े नहीं हैं जितने पेपर मेल या फैक्स के साथ हो सकते हैं।

कर्मचारी संचार—जो कर्मचारी नियमित रूप से कम्प्यूटर वर्कस्टेशन पर बैठते हैं या जो दिन के कुछ समय के लिए कम्प्यूटर का इस्तेमाल करते हैं, उनके लिये ऑन-लाइन न्यूजलेटर या बुलेटिन बोर्ड फास्ट-ब्रेकिंग या तेजी से बदलती हुई जानकारी प्रसारित करने का एक प्रभावी तरीका है। अन्तर-कार्यालयीन मेल के माध्यम से भेजे जानेवाले या मुद्रित ज्ञापन या परम्परागत हॉलवे बुलेटिन बोर्डों द्वारा प्रेषित सूचनाओं का चूक जाना या जान-बूझकर अनदेखी किया जाना सम्भव है। लेकिन ऐसा इलेक्ट्रॉनिक मेल द्वारा भेजी गयी सूचना के साथ नही हो सकता। अधिकांश ऑनलाइन न्यूजलेटर्स केवल टेक्स्ट ही होते हैं, ग्राफिक्स या दृश्यों की कमी समयबद्धता से पूरी हो जाती है। बड़ी कम्पनियों में वही न्यूजलेटर जिसका मुद्रण या साप्ताहिक प्रकाशन काफी दुष्कर होता था अब आवश्यक हो तो ऑन-लाइन रूप में रोज प्रकाशित किया जा सकता है। यदि कर्मचारी (या कम्पनी के नेता) रंगीन फोटोग्राफ और ग्राफिक्स की मांग करते हैं, तो ऑन-लाइन न्यूजलेटर को पारम्परिक मासिक न्यूजलेटर या त्रैमासिक पत्रिका के रूप में जारी रखा जा सकता है। ऑन-लाइन न्यूजलेटर्स के लिए लेखन परम्परागत कागजी लेखन की अपेक्षा संक्षिप्त होना चाहिए। कम्प्यूटर स्क्रीन का प्रारूप और ग्राफिक्स की कमी के चलते टेक्स्ट यूँ भी लम्बे दिखते हैं।

एजेन्सी-ग्राहक संचार—जनसम्पर्क एजेन्सी शहर भर में या पूरे देश में ग्राहकों से संवाद के लिए इलेक्ट्रॉनिक मेल का इस्तेमाल कर सकती है, बशर्ते ग्राहकों के पास भी सुविधा उपलब्ध हो। भाषणों, समाचार विज्ञप्ति या अन्य सामग्री के ड्राफ्ट को दोनो की ओर से प्रेषित किया जा सकता है।

इलेक्ट्रॉनिक मेल का विस्तारित रूप इण्टरनेट रिले चौट (आई. आर. सी.) है, जो तीन या दो से अधिक लोगों को वास्तविक समय में संवाद सुविधा देता है। उदाहरण के लिए एक जनसम्पर्क एजेन्सी, उसके क्लाइण्ट और प्रिण्टर या किसी प्रकल्प पर काम कर रहे अन्य ठेकेदार के बीच तीन-तरफा इलेक्ट्रॉनिक बातचीत अब सहज रूप से सम्भव है। यह लम्बी दूरी की टेलीफोन कॉन्फ्रेन्स कॉल की तुलना में बहुत सस्ता है, खासकर यदि एक या अधिक पार्टियां दूसरे देश में हैं। इससे उन ग्राहकों के साथ संवाद करना भी आसान हो सकता है जो सुन नहीं सकते या जिन्हें भाषा विशेष का ज्ञान नहीं है।

मीडिया के साथ संचार करना—जनसम्पर्क एजेन्सियों और कम्पनियों के जनसम्पर्क विभाग, सरकारी एजेन्सियों और गैर-लाभकारी संगठन मीडिया को न्यूज रिलीज और पत्र भेजने के लिए इलेक्ट्रॉनिक मेल का उपयोग कर सकते हैं। मीडिया पेशेवरों को प्रारूप पसन्द है क्योंकि सूचना को आसानी से अखबार या पत्रिका के ई-मेल सर्वर से अपने सम्पादकीय कम्प्यूटिंग सिस्टम में डाउनलोड कर संशोधित या संग्रहित किया जा सकता है। इसी तरह टेलीविजन या रेडियो रिपोर्टर सीधे कम्प्यूटरीकृत असाइनमेण्ट फाइल में आइटम दर्ज कर सकते हैं।

टेलीफोन कॉल की तुलना में इलेक्ट्रॉनिक मेल में अवांछित हस्तक्षेप भी कम है। अगर कोई रिपोर्टर या सम्पादक असुविधाजनक समय पर सन्देश प्राप्त करता है, तो वह इसे अपने बॉक्स में और सुविधाजनक समय तक रहने दे सकता है।

अनेक मीडिया स्रोतों के लिए भेजे जानेवाली समाचार विज्ञप्तियों को प्रत्येक पते पर अलग-अलग से भेजना चाहिए। जब कोई सम्पादक या संवाददाता देखता है कि वही विज्ञप्ति अनेक व्यक्तियों के लिए भेजी गयी है तो उसे इतनी गम्भीरता से नहीं लेता जितना व्यक्तिगत रूप से भेजी हुई सामग्री को लेता है। विज्ञप्तियों को अलग-अलग भेजने में काफी समय व्यतीत होता है, किन्तु यह सर्वथा उचित है। विज्ञप्ति को भेजते समय एक पैराग्राफ सारांश के साथ शुरू करना चाहिए। इससे प्राप्तकर्त्ता को पहले ही पता चल जाता है कि आपकी विज्ञप्ति उसके लिए कितनी उपयोगी है। फिर जैसे विज्ञप्तियों पर दिया गया एक आकर्षक शीर्षक उसे आगे बढ़ाने में सहायक होता है, वैसे ही 5 से कम शब्दों की टैगलाइन या विषय संकेत जरूरी होता है। इससे प्राप्तकर्त्ता उसे पढ़ने के लिए उत्सुक होता है। जैसे, मॅगाकार्प विज्ञप्ति के बजाय मॅगाकार्प द्वेषपूर्ण खरीद के खिलाफ कहना रिपोर्टर को ज्यादा आकर्षित करेगा।

ईमेल के शिष्टाचार का एक बिन्दु यह भी है कि सम्पादक या संवाददाता से आप के सम्बन्ध नये हो तो पहले उनके पते पर सन्देश भेजने की अनुमति ले लें।

हालाँकि फैक्स के मुकाबले में ई-मेल प्राप्तकर्त्ता को इतना परेशान नहीं करती फिर भी सौजन्य के रूप में अनुमति लेना उपयुक्त होगा।

मीडिया में कवरेज प्राप्त करना

मीडिया प्रकाशनों जैसे टीवी, रेडियो, पॉडकास्ट, ऑनलाइन वीडियो समाचार-पत्र पत्रिकाओं, ऑनलाइन समाचार साइड या ब्लॉग आदि में कवरेज प्राप्त करना जनसम्पर्क कर्मियों के काम का एक प्रमुख भाग है।

इसकी कुछ युक्तियाँ निम्नानुसार हैं—

1. डिजिटल मीडिया का उपयोग—सोशल मीडिया में प्रभावशाली लोगों से सम्बन्ध बनाये और उन्हें विकसित करें। मीडिया में उल्लेख प्राप्त करने का सबसे अच्छा तरीका है उन पत्रकारों संवाददाताओं प्रभावशाली लोगों के साथ में सम्पर्क बनाना जो आपके उद्योग से सम्बन्धित विषयों पर लिखते हैं। यह डिजिटल मीडिया के जरिये सरलता से सम्भव है और आप अपने बूते पर ही कर सकते हैं। प्रभावशाली लोगों से संवाद स्थापित कर उनके मानस पटल पर अपनी छाप छोड़कर सुनिश्चित कर सकते हैं कि जब भी अवसर आये तो वह आपके उद्योग का जिक्र अपने लेखन में करें।

2. डिजिटल मीडिया के माध्यम से कुछ सम्पर्क बनाने के बेहतरीन हैं—ट्विटर, फेसबुक, लिक्ड्इन एवं बैचबुक।

ट्विटर—कई पत्रकार, संवाददाता और ब्लॉगर्स स्वयं ट्विटर पर उपलब्ध हैं। ट्विटर का इस्तेमाल स्वयं आपको और आपकी कम्पनी को मीडिया में प्रस्तुत करने का एक शानदार तरीका है। इसका एक मार्ग है अपने उद्योग में प्रभावशाली ब्लॉगों की तलाश करना (ब्लॉग खोज इंजन जैसे टेक्नोराती का उपयोग करना), उनकी सदस्यता लेना और ट्विटर पर उनके लेखकों को फॉलो करना।

एक अन्य तरीका है कि आपके उद्योग को लक्षित करनेवाले पत्रकारों को फॉलो करना शुरू करें। फिर उनके साथ ट्वीट करना शुरू करें, लेकिन अपने व्यवसाय या उत्पाद का विस्तार न करें। उन लेखों के बारे जो आपको पसन्द हैं ट्वीट करके रिश्तों का विकास करें या यह जानें कि वे विषय विशेष के बारे में जिस पर वे लिखते हैं कैसा महसूस करते हैं । कभी-कभी पत्रकार भी ट्विटर पर किसी खास खबर के प्रसारण के वास्ते विषयों या स्रोतों के लिए अनुरोध करते हैं। यदि उचित समझते हैं तो उत्तर दें। ट्विटर उपकरण के माध्यम से प्रभावशाली लोगों की खोज के लिए ट्विटर ग्रेडर, मकरॅक एवं पत्रकार का उपयोग किया जा सकता है।

ट्विटर ग्रेडर ट्विटर ग्रेडर एक निःशुल्क उपकरण है जो आपको शीर्ष ट्विटर उपयोगकर्त्ताओं को ढूँढ़ने में या किसी विशेष उपयोगकर्त्ता की क्षमता को आँकने में मदद कर सकता है।

मक रैंक—मक रैंक एक मुफ्त वेबसाइट है जो आपको स्रोत (प्रकाशन) या बीट (विषय) के अनुसार पत्रकारों को खोजने में मदद करती है।

पत्रकार ट्वीट्स—यह मुफ्त साइट पत्रकारों के ट्वीट संग्रहीत करता है और उपयोगकर्त्ताओं की आवश्यकता के अनुसार पत्रकारों को वर्गीकृत करता है।

फेसबुक और लिंक्ड-इन—फेसबुक और लिंक्ड-इन मीडिया के साथ रिश्ते बनाये रखने के लिए बहुत अच्छे साधन हैं, लेकिन ये टूल ट्विटर की तुलना में कुछ निजी स्वरूप के हैं। अपने उद्योग में नजर आ रहे हर रिपोर्टर से 'दोस्ताना' न बनायें। इसके बजाय, सम्पर्क बनाने और विकसित करने के लिए ट्विटर का उपयोग करें। बाद में फेसबुक और/या लिंक्ड-इन पर कनेक्ट होने की सोचें।

बैचबुक—यद्यपि यह एक निःशुल्क उपकरण नहीं है, लेकिन प्रभावशाली लोगों के साथ संचार पर नजर रखने के लिए बैचबुक एक शानदार रास्ता है। इसका मुख्य कार्य निर्देशिका के रूप में होता है जिससे आप लोगों (जैसे सम्बद्ध पत्रकार या ब्लॉगर्स) के सम्पर्क सूत्र—डिजिटल मीडिया में साख की जानकारी लेने के लिए उपयोग कर सकते हैं। इससे आपको किसी भी ई-मेल या अन्य संचार पर निगाह रखने की सुविधा भी मिलती है जिससे आपके पास रिकॉर्ड होता है कि आप किसके सम्पर्क में हैं।

2. पिचिंग या प्रस्तुति—पिचिंग के परिणाम निवेशित समय और प्रयास पर निर्भर करते हैं। इसे हम तीर या तुक्के की तरह समझ सकते हैं। कभी थोड़े प्रयास में बेहतरीन कवरेज प्राप्त कर सकते हैं, या आप कई घण्टे खर्च कर कोई खास परिणाम नहीं हासिल कर पाते। यदि आप कुछ समय पत्रकारों और ब्लॉगर्स को पिच करना चाहते हैं, तो निम्नलिखित कुछ महत्त्वपूर्ण बिन्दु हैं—

संक्षिप्तता सफलता की कुंजी है— आपकी प्रारम्भिक पिच लम्बी न हो, और आप ई-मेल संलग्नक (अटैचमेण्ट) भेजने से बचें। पत्रकारों के पास अक्सर अनेक पन्ने पढ़ने का समय नहीं होता। आपकी प्रारम्भिक पिच संक्षिप्त और सम्मोहक हो और उन मुख्य बिन्दुओं पर केन्द्रित हो जो आप कहना चाहते हैं और यह भी साफ करें कि पत्रकार उन्हें कवर क्यों करें। यदि वे रुचि रखते हैं, तो स्वयं अतिरिक्त जानकारी के लिए अनुरोध करेंगे।

क्या आपकी बात दिलचस्प है—क्या आपकी बात नयी और जरा हट के है? क्या यह विशेष रूप से सामयिक या प्रासंगिक है? इसे जरा दिलचस्प ढंग से पेश करें।

कुछ निजी छाप छोड़ें—लक्षित व्यक्ति को दिखायें कि आपने अपनी तैयारी पूरी की है। उन विशिष्ट कारणों का उल्लेख करें जो आपकी बात को खास बनाती है और इससे पाठकों को क्या लाभ होगा।

हेल्प ए रिपोर्टर आउट (एच एआरओ)—यह एक बेहतरीन उपकरण है जो पत्रकारों की खबर की जरूरतों को उन पेशेवर जनसम्पर्क कर्मियों से जोड़ने में मदद करता है जो जानकारी के अच्छे स्रोत हो सकते हैं। जनसम्पर्क कर्मी एक ऐसी ई-मेल सेवा के लिए पंजीकरण करवा सकते हैं जो दिन में तीन बार विशिष्ट विषयों या समाचारों के स्रोतों की खोज करनेवाले पत्रकारों द्वारा प्रस्तुत प्रश्नों को विशेष रूप से प्रसारित करती है। जनसम्पर्क कर्मी ई-मेल को स्कैन कर उपयुक्त प्रश्न का उत्तर तुरन्त दे सकते हैं। एचएआरओ उन व्यवसाइयों के लिए विशेष उपयोगी है जो पत्रकारों तक पहुँचने में रुचि रखते हैं लेकिन पिचिंग करने के लिए घण्टों समय नहीं दे सकते। ध्यान रहें शुरुआत के बाद से एच एआरओ की लोकप्रियता अचानक काफी बढ़ी है, और अब किसी भी प्रश्न के लिए, पत्रकारों को बहुत बड़ी संख्या में प्रतिक्रियाएँ प्राप्त होती हैं। यह बेहद जरूरी है कि जब तक यह उपयुक्त न हो आप किसी पिच का जवाब न दें और अपनी पिच को असाधारण बनाने की पूरी कोशिश करें। यदि आपकी पिच न चुनी जाये तो निराश न हों। कई बार पत्रकार खारिज किये गये पिचों को भविष्य के लेखन के लिए संग्रहीत करके रखते हैं जो प्रसंग आने पर उपयुक्त हो सकते हैं।

३. रचनात्मक सामग्री का पहुँच बनाने के उपकरण के रूप में उपयोग—उच्च स्तर की लिखित सामग्री में इतनी क्षमता होती है कि इसके बूते पर आप डिजिटल मीडिया और सर्च इंजन ऑप्टिमायजेशन (एसईओ) में प्रमुखता से बढ़त बनाने के साथ-साथ अपनी कम्पनी को शीर्ष वैचारिक संस्थान के रूप में स्थापित कर सकें। जनसम्पर्क की दृष्टि से सामग्री में आपको काफी मीडिया कवरेज दिलाने की क्षमता भी होती है। आकर्षक, विनोदपूर्ण और रचनात्मक सामग्री के कारण आपके बारे में लोग चर्चा करेंगे या लिखेंगे। इसके लिए किसी पिचिंग की जरूरत नहीं है। कभी वायरल होनेवाले वीडियो के बारे में सोचें। ऐसा नहीं है कि उनके लिए किसी ने काफी समय खर्च करके पत्रकारों के लिए गजब की पिचिंग की। अपनी असाधारण सामग्री के बूते पर ही ये इतने लोकप्रिय हो गये कि लोग चाहे-अनचाहे इन्हें साझा करते रहे।

सन्देश प्रसारित करने और सामग्री साझा करने के लिए डिजिटल मीडिया एक शानदार साधन है। प्रत्येक संगठन का एक कॉरपोरेट ट्विटर खाता या फेसबुक फैन पेज होना चाहिए। आपकी कम्पनी को बढ़ावा देने के अलावा, इन साइटों पर

उपस्थिति बनाये रखने से आपके व्यवसाय के जनसम्पर्क प्रबन्धन में बेहद लाभप्रद है।

डिजिटल मीडिया समाचार विज्ञप्ति

डिजिटल मीडिया न्यूज रिलीज प्रेस विज्ञप्ति के बारे में नये ढंग से सोचने का एक तरीका है जो सर्च इंजन ऑप्टिमायजेशन (एसईओ) पर केन्द्रित है और उस दृष्टि से प्रेस विज्ञप्तियों को डिजिटल मीडिया के लिए अनुकूलित करता है।

सामग्री और स्वरूप सीधा एवं संक्षिप्त रखें। बात सीधी और संक्षिप्त रखें। घुमा-फिराकर न कहें। अपनी विज्ञप्ति को मुद्दे पर केन्द्रित रखेंगे तो स्वीकार्यता बनी रहेगी।

कहने के लायक कुछ भी न हो तो समाचार विज्ञप्ति न बनायें। विज्ञप्ति लिखने से पहले बैठकर सुनिश्चित करें कि आपके पास कहने लायक कुछ दिलचस्प है।

समाचार-योग्य दृष्टिकोण से लिखिये। किसी भी प्रकार की मौलिक, अप्रकाशित खबरों को प्रस्तुत करने पर ब्लॉगर या पत्रकार का ध्यान आकर्षित करने की सम्भावना बढ़ जायेगी। आपकी कम्पनी की उपलब्धियों को ऐसे दृष्टिकोण से लिखिये जिससे ब्लॉगर्स और पत्रकारों को इसके बारे में लिखने में अधिक दिलचस्पी पैदा हो।

अपनी विज्ञप्ति को 300-500 शब्दों में सीमित रखें। आजकल लम्बी विज्ञप्तियाँ आडम्बर का संकेत मानी जाती है। लम्बी विज्ञप्तियाँ सामूहिक प्रकाशन (सिण्डिकेशन) क्षमता को बाधित करती हैं।

फॉर्मेटिंग बुलेट्स का उपयोग न करें वे सिण्डिकेशन में बिरले ही कभी इस्तेमाल होती हैं।

अपना लोगों शामिल करें यह सिण्डिकेटेड हो न हो लेकिन भेजने में हानि नहीं है।

मल्टीमीडिया तत्त्वों को विज्ञप्तियों में न लगायें। किसी वीडियो या फोटो को सीधे रिलीज में लगाने के बजाय, इसे अपनी वेबसाइट पर कहीं-न-कहीं प्रकाशित करें (जैसे कि आपकी कम्पनी के ब्लॉग पर), और समाचार विज्ञप्ति के साथ लिंक करें। इससे आप पैसे बचाने के साथ-साथ अपनी वेबसाइट पर सामग्री को आकर्षित करने के अलावा परस्पर संवाद साध सकेंगे।

सबसे महत्त्वपूर्ण लिंक शुरुआत में ही रखें। कुछ पोर्टल साइटें एक निश्चित शब्द गणना के बाद आपकी विज्ञप्ति को स्वचालित रूप से काट देंगी। अपनी साइट पर सामग्री का अधिकतम प्रवाह लेने के लिए, उस लिंक को शामिल करें, जिससे आप सबसे अधिक प्रतिसाद चाहते हैं।

हमेशा एंकर टेक्स्ट का उपयोग करें। सभी पोर्टल साइटें एंकर टेक्स्ट लिंक को सिण्डिकेट नहीं करती, लेकिन जो करती हैं उनसे आपको आनेवाले एंकर टेक्स्ट लिंक से अधिकतम एसईओ का लाभ मिलेगा।

महत्त्वपूर्ण लिंक के लिए टेक्स्ट लिंक एंकर के आगे पूरे यूआरएल का उपयोग करें। हर लिंक के लिए ऐसा न करें बल्कि उसके लिए जरूर करें जिस पर आप सामग्री का अधिकतम प्रवाह चाहते हैं। जब आप पोर्टल साइट एंकर टेक्स्ट सिण्डिकेट नहीं करेंगे तब भी यूआरएल सक्रिय रहेगा।

ब्लॉग

मीडिया कवरेज प्राप्त करने के लिए समाचार सामग्री तैयारी करना जनसम्पर्क की पहुँच का एक अहम साधन है। यदि आप मुफ्त सेवा का उपयोग नहीं कर रहे हैं तो हर खबर के लिए तार सेवा से विज्ञप्ति वितरित करना महँगा साबित होगा। कम्पनी के ब्लॉग पर प्रकाशित लेख सभी से साझा करना उत्तम होगा।

यदि आपके पास पहले से ही एक ब्लॉग है जिसके माध्यम से आप वैचारिक नेतृत्व प्रदर्शित कर रहे हैं तो इसे कम्पनी-केन्द्रित जानकारी से कमजोर न करें। इससे वहाँ प्रकाशित शैक्षणिक, उद्योग सम्बन्धी सामग्री की गुणवत्ता और विश्वसनीयता कम हो सकती है। इसके बजाय अद्यतन कम्पनी समाचार, उत्पाद आदि के लिए एक अलग ब्लॉग बनाने पर विचार करें। नीचे लिखे कुछ तरीकों से आप अपने सन्देश को प्रचारित करने के लिए कम्पनी के ब्लॉग का बेहतर उपयोग कर सकते हैं।

प्रकाशित समाचार सामग्री ब्लॉग के अनुकूल रखें—अपनी कम्पनी के ब्लॉग के लिए समाचार विज्ञप्ति का लहजा सहज और संवादात्मक बनाकर ज्यादा स्वीकार्य बनायें। आप अपनी साइट पर सामग्री के अधिकतम प्रवाह के लिए मूल प्रेस विज्ञप्ति से लेख को दुबारा लिंक पर शामिल कर सकते हैं।

कम्पनी के अन्य समाचार, अपडेट या उपलब्धियाँ प्रकाशित करें—क्या आपके सीईओ आगामी उद्योग सम्मेलन में बोल रहे हैं? क्या आपने हाल ही में एक पुरस्कार जीता है? अपनी कम्पनी की ऐसी ही कुछ उपलब्धियों को साझा करने के लिए अपने ब्लॉग का उपयोग करें, लेकिन अपने बारे में बात करते समय विनम्र रहें।

उत्पाद/सेवा का शुभारम्भ या अपडेट—क्या आपने हाल ही में अपने उत्पाद में कुछ बदलाव किया है या एक नयी सेवा की पेशकश को जोड़ा है? इस बारे में ब्लॉग पर एक लेख के माध्यम से अपने ग्राहकों, सम्भावित उपभोक्ताओं और प्रशंसकों से संवाद करें।

अपनी कम्पनी के व्यक्तित्व की विशेषता को प्रदर्शित करें—क्या आपकी कम्पनी ने हाल ही में अपने कर्मचारी-वर्ग के लिए कोई मनोरंजक कार्यक्रम आयोजित किया जैसे कोई पार्टी या खेल प्रतियोगिता या पिकनिक? इसके बारे में लिखें! इससे भी बेहतर होगा कि एक कॉरपोरेट फ्लिकर खाता बनाये, कार्यक्रम की तस्वीरें अपलोड करें और ब्लॉग पोस्ट में स्लाइड-शो लगायें। लोग आपकी कम्पनी के लोगों और संस्कृति के बारे में जानना पसन्द करेंगे।

डिजिटल मीडिया शेयर लिंक शामिल करें—अपने ब्लॉग के पाठकों से अपने नेटवर्क के लेख साझा करने के लिये कोई सरल सा तरीका प्रदान कर अपने सन्देशों को प्रसारित करें। प्रत्येक आलेख पर डिजिटल मीडिया लिंक शामिल करें ताकि पाठकों और ग्राहकों को ट्विटर और फेसबुक जैसे डिजिटल मीडिया साइटों पर अपना लेख प्रसारित करने में आसानी हो।

एस ई ओ में सुधार—किसी भी ब्लॉग की तरह, एक कम्पनी ब्लॉग में बेहतरीन एस ई ओ के लाभ प्रदान किये जा सकते हैं। फिर प्रभावकारी लोग हमेशा अच्छी कथावस्तु की तलाश में रहते हैं, और कुछ विशिष्ट चीजों के बारे में लेख यदि इंजनों में अनुक्रमित हो तो कौन जाने—आपकी कम्पनी का ही लेख ऐसे किसी आलेख के लिए गूगल के रिजल्ट में पॉपअप हो जाये जिसके लिए कोई पत्रकार सूत्रों की तलाश में हो। तब तो वह आपसे ही सम्पर्क कर सकता है

आज के जनसम्पर्क कर्मी को निम्नलिखित बातों का ध्यान रखने की आवश्यकता है—

1. अपने प्रचार अभियान के लिए डिजिटल मीडिया पर उपलब्ध उपयुक्त प्रभावशाली लोगों की खोज करें। इसके लिए कुछ डेटाबेस, निर्देशिकाएँ या किताबों का अध्ययन कर सकते हैं। आपको क्या पढ़ने की जरूरत है यह जानने के कई तरीके हैं। लेकिन यह एक सतत, दीर्घकालिक प्रक्रिया है जिसके लिए लगातार खोज आवश्यक है।

2. उन समाचार और डिजिटल मीडिया स्रोतों का निर्धारण करें, जो सबसे अधिक उपयोगकर्त्ताओं को लक्षित करता है। इसके लिए सर्वेक्षण करना होगा या परिचितों से जानना होगा।

3. सम्भावित साइटों के सन्दर्भ के लिए पारम्परिक मीडिया स्कैन करें।

4. अपने क्षेत्र के हितों में क्या सतहों को देखने के लिए गूगल ब्लॉग, टेक्नोराती या ट्विटर से खोज करें।

5. मैट्रिक्स के जरिये यह निर्धारित करें कि कोई माध्यम उचित हो सकता है, जैसे- प्रति माह विशिष्ट आगन्तुक आरएसएस के सदस्य ई-मेल सब्स्क्राइबर ब्लॉग

या फोरम कमेण्ट्स की संख्या डिजिटल मीडिया-शेयरिंग साइटों पर पोस्ट के हवाले की संख्या पोस्ट की संख्या और आवृत्ति।

6. यह जानने के लिए कि क्या चर्चा प्रासंगिक विषयों पर की जाती है, निगरानी आवश्यक है। डिजिटल मीडिया को गहराई से देखें। प्रतिभागियों की पसन्द के विषयों को जानने के लिए पिछली पोस्ट की समीक्षा करें। वर्तमान पोस्ट पर भी यह जानने के लिए निगाह रखें कि प्रतिभागियों की पसन्द में कोई परिवर्तन है या नहीं।

7. चर्चा में सम्मान और सावधानी से आगे बढ़ें—आप समुदाय के सदस्य हैं यह दिखाने के लिए चर्चा में भाग लें। आपकी रुचियों को साझा करनेवालों को मित्र बनायें। प्रतिभागियों से पूछें कि क्या वे आपकी खबरों में दिलचस्पी रखते हैं। उनके जवाब का सम्मान करें। यदि उन्हें दिलचस्पी नहीं है तो छोड़ दें।

निष्कर्ष

डिजिटल मीडिया जनसम्पर्क विशेषज्ञों के लिए एक शक्तिशाली माध्यम साबित हो रहा है क्योंकि उसमें जागरूकता को विकसित करने, सार्वजनिक और उपभोक्ता सम्बन्धों को विकसित करने और ब्राण्ड के प्रति निष्ठा बढ़ाने की क्षमता है। प्रभावी सामाजिक नेटवर्क जनसम्पर्क विशेषज्ञों को सकारात्मक संवाद स्थापित करने, विश्वसनीयता-आधारित रिश्तों को विकसित करने, जनता को प्रभावित करने और उपयोगकर्त्ताओं को एक ब्राण्ड के प्रति आकर्षित करने, पारस्परिक रूप से लाभप्रद सम्बन्ध बनाने के लिए सहायक हो सकता है। जनसम्पर्क विशेषज्ञों पर, लोगों की ऑनलाइन बातचीत को प्रभावित करने और निगरानी करने के लिए रिश्तों को विकसित करने के लिए इस मान्यता के चलते दबाव बढ़ रहा है कि डिजिटल मीडिया माउस के बूते पर जनमत बना सकता है। हालाँकि ऐसा करने के लिए पहले विश्वसनीयता बनाना जरूरी है। तात्पर्य यह है कि जनसम्पर्क विशेषज्ञों को सोशल नेटवर्क क्षेत्र में प्रवेश कर जनता को ब्राण्ड के प्रति सक्रियता के लिए प्रोत्साहित करना चाहिए। प्रभावी सामाजिक नेटवर्क जनसम्पर्क विशेषज्ञों को एक किफायती और व्यवहार्य रणनीति के साथ दुनिया भर में लाखों लोगों के बीच समर्थन और पहुँच दिलाने में सक्षम है।

अध्याय 10

विशिष्ट जनों के दौरों से छवि सुदृढ़ करने के अवसर

सभी संगठनों में, विशेष रूप से उत्पादन इकाइयों में, विशिष्ट व्यक्तियों के दौरे नियमित रूप से होते रहते हैं। यह संगठन के आतिथ्य और शिष्टाचार का हिस्सा होते हैं। जनसम्पर्क की दृष्टि से यह दौरे संगठन की छवि को मजबूत बनाने का उपयुक्त अवसर साबित होते हैं। जनसम्पर्क की इस अवधारणा का सबसे अच्छा उदाहरण है भारत हेवी इलेक्ट्रिकल्स लिमिटेड (बी.एच.ई.एल.) का हरिद्वार संयन्त्र।

सन्दर्भ

इस सन्दर्भ में हरिद्वार के बारे में निम्नलिखित बातें जान लेना जरूरी है—

1. बी.एच.ई.एल. का यह प्रमुख संयन्त्र दिल्ली से लगभग 200 किलोमीटर दूर हरिद्वार के बाहरी भाग में बना हुआ है।

2. एक प्रमुख तीर्थ स्थल होने के नाते हरिद्वार बड़ी संख्या में आगन्तुकों का आकर्षण केन्द्र बना रहा है, जिनमें मन्त्री, राजनेता, वरिष्ठ टेक्नोक्रेट, नौकरशाह, शिक्षाविद् और सरकारी अधिकारी शामिल हैं। देश की राजधानी से इसकी कारण नजदीकी के कारण विशिष्ट व्यक्तियों का आगमन कुछ अधिक ही होता है।

3. ऐसे में बी.एच.ई.एल. संयन्त्र को अक्सर आगन्तुकों का आतिथ्य करना होता है। क्योंकि वे बी.एच.ई.एल. को अन्य निजी व्यवस्थाओं की अपेक्षा अधिक पसन्द करते हैं।

4. इन दौरों की अवधि में बी.एच.ई.एल. परिसर में इनका निवास 24 घण्टे से लेकर कुछ दिनों तक होता है और इस बीच में आगन्तुकों के आधिकारिक और सामाजिक दर्जे के अनुसार संयन्त्र के उच्च अधिकारियों का इनसे सम्पर्क भी अनिवार्य हो जाता है।

5. अपनी 'पहुँच' के अनुसार इन विशिष्ट व्यक्तियों में कुछ निर्णयकर्त्ता होते हैं, कुछ राय बनानेवाले होते हैं, और कुछ छवि निर्माण में सहायक होते हैं।

ऐसे में इन विशिष्ट व्यक्तियों का आगमन जनसम्पर्क के लिए एक आदर्श अवसर होता है, और इन अवसरों को सम्भावनाओं में परिवर्तित करने का मौका भी होता है। ऐसे अवसरों पर निम्न प्रयास किये जाने चाहिए–

- आगन्तुकों के मन में संगठन के प्रति अनुकूल छवि निर्मित करना।
- प्रबन्धन तथा विशिष्ट व्यक्तियों के बीच नजदीकी और टिकाऊ सम्बन्ध स्थापित करना।
- आगन्तुकों के बीच बी.एच.ई.एल. के हरिद्वार संयन्त्र की क्षमताओं और परिचालन के पैमाने के बारे में अच्छी धारणाएं पैदा करना।
- छवि-निर्माण में आयी सम्भावित विपत्तियों को दूर करना।
- जब सम्भव हो तो विशिष्ट व्यक्तियों के साथ सीधे संवाद द्वारा कर्मचारियों को प्रेरित करना।
- विशिष्ट व्यक्तियों के दौरे को कर्मचारियों तथा प्रबन्धन के सम्बन्ध सहज बनाने के लिए इस्तेमाल करना और इस तरह से अप्रत्यक्ष रूप से उन्हें संगठन का प्रवक्ता बनाना।

एक अध्ययन के अनुसार हरिद्वार आनेवाले विशिष्ट व्यक्तियों के बीच छवि के प्रचार के लिए जनसम्पर्क लक्षित वर्गों का विवरण निम्नानुसार है–

राजनेता–केन्द्रीय मन्त्री, नेता तथा ट्रेड यूनियन नेता–10 प्रतिशत

नौकरशाह–(केन्द्रीय शासन के सचिव, राज्यों के मुख्य सचिव, सचिव, केन्द्र तथा राज्य सरकारों के अन्य वरिष्ठ अधिकारी) 20 प्रतिशत

टेक्नोक्रेट-(उपक्रमों के अध्यक्ष, वरिष्ठ स्तर के अधिकारी, परियोजना स्थल पदाधिकारी आदि) 30 प्रतिशत

मीडिया प्रतिनिधि–(प्रमुख अखबारों के सम्पादक, विशेष संवाददाता, टीवी समाचार सम्पादक, प्रोड्यूसर, निर्देशक आकाशवाणी निर्देशक तथा अन्य केन्द्रों के कर्मचारी) 30 प्रतिशत अन्य–10 प्रतिशत

जनसम्पर्क सम्बन्धी लक्षित वर्गों के बीच छवि के प्रचार के लिए विकसित नमूनों के दो बुनियादी दिशा निर्देश हैं–

विशिष्ट व्यक्ति के दौरे विशेष आवश्यकतानुसार जनसम्पर्क की पूर्व, तैयारी करना।

दौरे के अनुरूप समुचित सूचना सामग्री बनाकर तैयार रखना।

अ. **लक्षित समूह**–राजनैतिक विशिष्ट आगन्तुक–

दृश्य-श्रव्य (ऑडियो-विजुअल) प्रस्तुतीकरण–जनसम्पर्क विभाग द्वारा राजनैतिक आगन्तुकों के लिए दृश्य-श्रव्य प्रस्तुतीकरण छह प्रोजेक्टरों द्वारा प्रसारित

हो सकनेवाला 15 मिनट का एक दृश्य-श्रव्य प्रस्तुतीकरण तैयार किया गया है, जिसका उद्देश्य एक कैप्सूल रूप में हरिद्वार संयन्त्र का व्यापक अवलोकन प्रदान करना है। प्रस्तुति बहुत तकनीकी नहीं है और संस्थागत प्रचार पर केन्द्रित है। प्रस्तुतीकरण की स्क्रीनिंग आगन्तुकों के कार्यक्रम के दौरान उनकी उपलब्धता और सुविधा के अनुसार शामिल की जाती है।

जानकारी—संस्था के विभिन्न पहलुओं पर जानकारी के लिए विशेष रूप से नोट्स तैयार किये हुए हैं। सामग्री संक्षिप्त और प्रमुख आकर्षणों आधारित है। ऐसे अवसरों पर चमकीली पुस्तकें या संस्थागत प्रकाशन सामग्री के बजाय केवल प्रासंगिक और अवसर के अनुरूप तैयार की गयी सामग्री पर जोर होता है।

अनौपचारिक बैठकें—विशेष आगन्तुकों के साथ संस्था के उच्च अधिकारियों की अनौपचारिक बैठकें आतिथ्य व सौजन्य के रूप में आयोजित की जाती हैं। यह देखा गया है कि इस प्रकार के विमर्श से बी.एच.ई.एल. प्रबन्धन को संस्था के बारे में आगन्तुकों के मानस पर बनी छवि पढ़ने का मौका भी मिलता है। ये संस्थाओं के बारे में निर्णायक भूमिका निभाते हैं। अनेक गम्भीर विषय वैसे संयन्त्र की क्षमता का कम उपयोग, उच्च स्तर पर बनी हुई बाधाओं, आयात के प्रतिस्थापन आदि विषयों पर भी सहानुभूतिपूर्ण समझ पैदा की जा सकती है। विशिष्ट जनों और ट्रेड यूनियन नेताओं के बीच आयोजित की गयी अनौपचारिक बैठकों के जरिये भी कई उभरती हुई समस्याएँ हल की जा सकती हैं। ट्रेड यूनियनों के नेताओं को भी इस बात का सन्तोष होता है कि वह उनकी बात उच्चतम स्तर पर सीधी पहुँच गयी है। इससे आन्दोलनात्मक मानसिकता दब जाती है। कुछ मामलों में विशिष्ट व्यक्तियों की सलाह चमत्कारिक रूप से समस्याओं के हल में सहायक होती है।

सन्देश—कुछ चुनिन्दा अवसरों पर विशिष्ट व्यक्तियों से संस्थान के लिए सन्देश रिकॉर्ड करने का अनुरोध किया जाता है।

यह हरिद्वार संयन्त्र के बारे में उनकी राय हो सकती है, या मनोबल बढ़ाने के लिए सन्देश हो सकता है। यह देखा गया है कि पाली की शुरुआत या भोजन अवकाश के दौरान किये गये प्रसारण के ऐसे प्रयोग कर्मचारियों से संवाद और उनके विचार जानने में कारगर साबित होते हैं।

ब. लक्षित समूह-नौकरशाह

समूह अ की तरह ही इस लक्षित समूह के लोग भी निर्णायक भूमिका में होते हैं या निर्णय को प्रभावित करते हैं। ऐसे में प्रचार सामग्री की दृष्टि से उन्हें भी अ श्रेणी में ही रखा जा सकता है। ऑडियो-विजुअल और अन्य प्रस्तुतीकरण और उच्च

अधिकारियों के साथ अनौपचारिक बैठकों और सूचना सामग्री के वितरण के साथ संस्था के बारे में उसी तरह से अवगत कराया जा सकता है।

स. लक्षित समूह-टेक्नोक्रेट

इस श्रेणी के आगन्तुकों के लिए उनकी दिलचस्पी और कार्यक्षेत्र की विशेषता के अनुरूप ऑडियो-विजुअल प्रस्तुति तैयार की जा सकती है।

ऑडियो-विजुअल प्रस्तुतीकरण–

संस्था के बारे में प्रसारित की गयी फ़िल्म के अलावा एक संक्षिप्त ऑडियो-विजुअल प्रस्तुतीकरण भी होता है जो प्रौद्योगिकी के उन्नयन, उत्पादन सुविधाओं के आधुनिकीकरण और उत्पादों की जानकारी, उत्पादन सुविधाओं के आधुनिकीकरण सम्बन्धी योजनाएँ, नये उत्पादों की सम्भावनाएँ या उत्पादों में सुधार, वितरण, बिक्री के बाद की सेवा आदि पर केन्द्रित है।

सूचना सामग्री

उपरोक्त ऑडियो-विजुअल प्रस्तुतीकरण के साथ पूरक के रूप में तैयार की सामग्री का वितरण किया जाता है, जिसमें विशेष तकनीकी विवरण शामिल होते हैं।

कई बार कुछ उपकरणों की कार्य क्षमता आदि के बारे में सन्देहों को दूर करने की दृष्टि से भी सूचना सामग्री तैयार करना होती है इसमें प्रदर्शन डाटा या परीक्षण रिपोर्ट आदि होते हैं

अनौपचारिक बैठकें

इसके अलावा इन टेक्नोक्रेट्स के साथ प्रकल्प से सम्बन्धित क्षेत्रों के विशेषज्ञों की भी अनौपचारिक मुलाकातें आयोजित करायी जाती हैं। हालाँकि ऐसे मौकों पर कोई गम्भीर और विस्तृत चर्चा नहीं हो पाती परन्तु यह देखा गया है कि ऐसी अनौपचारिक बैठकों में आपूर्ति को लेकर होनेवाले तनाव या कार्य सम्बन्धित शिकायतों या भुगतान में देरी आदि को कम करने में मदद मिलती है। ऐसी बैठकों में स्थापित अनौपचारिक सम्बन्ध भविष्य के पारस्परिक विचार-विमर्श की नींव डालते हैं।

संयन्त्र का दौरा

ऐसे प्रयोगों से संयन्त्र में आगन्तुकों की रुचि बनती है। इसी प्रकार से संयन्त्र के उत्पादन क्षेत्र या आगन्तुकों के पसन्दीदा इलाकों में स्वरित यात्राएँ आयोजित कर उनके बारे में बेहतर समझ उत्पन्न की जा सकती है इससे बी.एच.ई.एल. में अनुभव की जानेवाली बाधाओं को जानने का मौका भी मिल जाता है।

द. लक्षित समूह-मीडिया प्रतिनिधि

यह समूह लम्बे समय तक जनसम्पर्क की दृष्टि से बहुत महत्त्वपूर्ण है और इस समूह के सदस्य आसानी से प्रभावित नहीं होते। यह दौरे आगन्तुकों की विशिष्ट आवश्यकताओं के अनुरूप आयोजित किये जा सकते हैं। यह देखा जाता है कि मीडिया प्रतिनिधि ऑडियो- विजुअल प्रस्तुति या प्रकाशित सामग्री आदि पर अधिक विश्वास नहीं करते इसलिए उनकी आवश्यकता के अनुसार अब तक अप्रसारित कोई घटना या उपलब्धियों से सम्बन्धित कोई रिपोर्ट व सामग्री मीडिया कर्मियों से संवाद स्थापित करने में सहायक होती है। कभी-कभी उन्हें एक फीचर लिखने योग्य सामग्री उपलब्ध कराई जा सकती है।

निष्कर्ष

इस तरह के उपाय जनसम्पर्क के परम्परागत तरीकों में आते हैं। आवश्यक बात यह है कि ऐसे अवसरों का पूरा-पूरा उपयोग सोचे समझे ढंग से वांछित परिणामों की दृष्टि से किया जाता है। इस तरह के प्रयोगों का वांछित परिणाम लम्बे समय तक सहयोग की दृष्टि से सम्पर्क स्थापित करना होता है। ऐसे समूह के सदस्यों के साथ मैत्रीपूर्ण सम्बन्धों से संगठन के बारे में सकारात्मक समझ बनायी जा सकती है।

अध्याय 11

विदेश में जनसम्पर्क के माध्यम से छवि निर्माण

एक बहुत वरिष्ठ पत्रकार एक बार सार्वजनिक उपक्रमों के जनसम्पर्क कर्मियों को 'प्रेस की भूमिका' पर सम्बोधित कर रहे थे। सवाल-जवाब सत्र के दौरान उनसे किसी ने पूछा भारत के बारे में विदेशी मीडिया में कोई कवरेज क्यों नहीं होता? विडम्बना यह है कि भारत में होनेवाली छोटी-छोटी गतिविधियाँ नकारात्मक रूप में बढ़ा-चढ़ाकर विदेशों में प्रसारित या प्रकाशित होती रहती हैं।

पत्रकार महोदय बोले, उत्तर आसान है—"सम्मान और महिमामण्डन केवल सशक्त लोगों का होता है। उदाहरण के लिए अगर पाँच जापानियों का एक समूह है, तो बात केवल एक ही करेगा। अन्य लोग सहमति में अपने सिर हिलाते दिखेंगे। वहीं भारतीयों के समूह में जब नेता बोलता है, तो दूसरों का विरोध तुरन्त सुनायी देने लगता है। यह ठीक है, हमारे यहाँ लोकतन्त्र है लेकिन इसका मतलब यह तो नहीं कि हर कोई विरोध के लिए स्वतन्त्र हो। यहाँ तक कि दूसरों के लिए अपशब्द और दुर्व्यवहार (संसदीय कार्यवाही देखें) में भी संकोच न हो और-तो-और इस तरह के व्यक्ति बिना किसी प्रतिकार या सजा के बच भी निकलते हैं।

प्रिण्ट मीडिया

इसी से मिलते-जुलते एक अन्य उदाहरण में एक सेमिनार के दौरान जनसम्पर्क कर्मियों की अधिकतर प्रिण्ट मीडिया को साधने की प्रवृत्ति पर सवाल उठा जब कि इलेक्ट्रॉनिक मीडिया अब एक तेज माध्यम की तौर पर उभरा है। कुल मिलाकर अभिमत यह बना कि जनसम्पर्क कर्मियों का काम न केवल प्रिण्ट मीडिया को साधना है बल्कि अपने संगठन की विपणन प्रक्रिया में सहायता करना भी होता है। सत्र की अध्यक्षता कर रहे सज्जन, जो स्वयं एक प्रतिबद्ध और अनुभवी पेशेवर जनसम्पर्क कर्मी रहे हैं, बोले प्रिण्ट मीडिया को साधना जनसम्पर्क प्रमुख की कार्यसूची में सर्वोपरि होना चाहिए। आज भी मन्त्री, अफसरशाह, टेक्नोक्रेट,

शिक्षाविद, राय बनानेवाले अन्य लोग, उद्योगपति, व्यापारी निर्माणकर्त्ता, मीडियाकर्मी या समाज में निर्णायक भूमिका अदा करनेवाले अन्य लोग दिन की शुरुआत एक अखबार पढ़ कर ही करते हैं।

अक्सर धारणा यह रहती है कि मीडिया में प्रतिकूल विचारों या खबरों का प्रकाशन किसी भी संस्था के लिए अवनति का सबब बन जाता है। यद्यपि इस तरह की नकारात्मक खबरें हमेशा सही नहीं होती परन्तु वे अधिक चर्चा में रहती हैं और सकारात्मक खबरों के बजाय आसानी से याद रह जाती हैं। कई बार देश की सर्वोच्च विधायिका यानी संसद में और सर्वोच्च न्यायालय भी वे चर्चा में आ जाती है।

ऐसी अवस्था में प्रिण्ट मीडिया किसी भी जनसम्पर्क प्रमुख की प्राथमिकता में सर्वोपरि क्यों ना हो? इस विषय का महत्त्व जनसम्पर्क प्रमुख की दृष्टि से तब अधिक होता है जब बात विदेशों में छवि-निर्माण की हो। विदेशी सरकारों या लोगों को अक्सर भारत के बारे में प्रभावी खबर अधिकतर प्रिण्ट और इलेक्ट्रॉनिक मीडिया ही से मिलती है। यदि उनके अखबार में या अन्य मीडिया में भारत का उल्लेख कुछ दिनों, हफ्तों या महीनों तक न हो तो भारत उनके स्मृति पटल से हट भी सकता है। फिर ऐसे में नकारात्मक बातें सुनने को मिले तो पूरे देश की एक खराब छवि बन सकती है।

विदेश प्रचार विभाग

इस बात से हमें विदेश प्रचार विभाग तथा राजनयिक मिशनों की भूमिका के महत्त्व के बारे में पता चलता है। विदेश मन्त्रालय के वार्षिक प्रतिवेदन के अनुसार विदेश प्रचार विभाग विभिन्न अन्तरराष्ट्रीय मुद्दों या घटनाओं पर भारत की औपचारिक स्थिति के बारे में जानकारी प्रसारित करने की जिम्मेदारी निभाता है। साथ ही भारतीय जीवन, कला, संस्कृति आदि के बारे में विभिन्न पहलुओं के प्रस्तुतीकरण की जिम्मेदारी भी इसी विभाग की बनती है। इसके अलावा निहित स्वार्थों के द्वारा भारत के विरुद्ध दुष्प्रचार के प्रतिकार का उत्तरदायित्व भी विदेश प्रचार विभाग का है।

इन उद्देश्यों को पूरा करने के लिए विदेश प्रचार विभाग विभिन्न प्रकार के चैनलों का उपयोग करता है, जिसमें पत्रकारों की ब्रीफिंग, विदेशी भारतीय मिशनों के लिए सूचना-संचार, किताबों की खरीद और प्रकाशन और वृत्तचित्रों और ऑडियो-विजुअल सामग्री का निर्माण शामिल है। विदेश प्रचार विभाग अपने आप विदेशों में स्थित मिशनों से अलग रहकर न कोई काम करता है न कर सकता है। प्राथमिक रूप से विदेशों में भारत की छवि निर्माण भारतीय मिशनों की जिम्मेदारी है। भारत के विभिन्न पहलुओं जैसे अर्थव्यवस्था, उद्योग, संस्कृति आदि का

प्रस्तुतीकरण जनसम्पर्क की दृष्टि से इन मिशनों की महत्त्वपूर्ण जिम्मेदारी है। इसे पेशेवर ढंग से निभाने के लिए उपयुक्त दृष्टिकोण की आवश्यकता होती है। कवरेज के अलग-अलग क्षेत्रों के बारे में जानकारी एकत्र करना, उसे प्रिण्ट और इलेक्ट्रॉनिक मीडिया के लिए स्वीकार्य रूप से प्रसारित करना और इस जानकारी का उपयोग किये जाने के निरन्तर प्रयास करना इस कार्य में शामिल हैं।

सकारात्मक प्रस्तुति

यह कहना सही नहीं होगा कि विदेशों में भारतीय मिशन कुछ नहीं कर रहे हैं। लेकिन विदेशों में भारत की छवि पर करीबी नजर डालने पर किसी को भी यह महसूस होगा कि इस क्षेत्र में अभी बहुत कुछ करने की जरूरत बनी हुई है। एक अच्छे और प्रगतिशील राष्ट्र के रूप में भारत की छवि का सही और सकारात्मक प्रस्तुतीकरण देश और देशवासियों के लिए विश्व कुटुम्ब सौहार्द के लिए बहुत महत्त्वपूर्ण है।

शोधकर्त्ताओं ने समय-समय पर अध्ययन में पाया है विदेशों में भारतीय मिशनों का ढाँचा लगभग पूरी तरह से गैर-पेशेवर होने के अलावा बिल्कुल सन्तोषजनक नहीं है।यह स्पष्ट नहीं है कि प्रचार विभाग को देश की छवि प्रस्तुत करने की दृष्टि से सम्बन्धित देशों में और भारत सरकार को उन देशों में भारत की छवि के बारे में सही प्रतिक्रिया देने के लिए कौन-सी जानकारी पहुँचाने के लिए क्या करना होगा।

जाहिर है फटकार के डर से विदेशों में स्थित भारतीय मिशन के अधिकारी उन देशो में मीडिया में प्रसारित नकारात्मक खबरों के बारे में भारत सरकार को सूचित करने से डरते हैं। यह रवैया बिल्कुल गलत है और तुरन्त त्याग दिया जाना चाहिए। इसके बजाय जनसम्पर्क कर्मियों को चाहिए कि वे पूरे पेशेवर ढंग से रणनीति बनाकर अपना कार्य करें।

हमारे देश में हाल बुरा नहीं है। हम लोगों ने काफी तरक्की की है चाहे वह कृषि हो उद्योग, इंजीनियरिंग हो, कला, विज्ञान या टेक्नोलॉजी हो हमने दिन दूनी, रात चौगुनी प्रगति की है। एक धर्मनिरपेक्ष देश होने के यहाँ सभी धर्मों के लोगों को और समुदायों को समान अवसर तथा आदर प्राप्त होता है। भारत सरकार ने देश के धर्मनिरपेक्ष, बहुराष्ट्रीय और बहुधर्मीय चरित्र को बनाये रखने में किसी भी प्रयास में कसर नहीं छोड़ी है।

विकृत छवि

1992 में एक वरिष्ठ अधिकारी को फिलीपींस यात्रा में स्थानीय लोगों ने चर्चा में कहा कि भारत में मुसलमानों का बहुत उत्पीड़न होता है। यह बात हकीकत से

कोसों दूर थी। उस अधिकारी ने विस्तृत विवरण देकर बताया कि देश की प्रगति में मुसलमानों की भागीदारी और बहुत बड़ा योगदान था। यह सुनकर स्थानीय लोगों ने बताया कि वे इस पक्ष से अनभिज्ञ थे। यह केवल इस बात का संकेतक है कि विकृत जानकारी कैसे अन्य देशों में भारत के बारे में पूर्वाग्रहों को पालती-पोसती है। हमारे मिशनों का यह कर्त्तव्य बनता है कि हमारे पक्ष को उचित ढंग से प्रस्तुत कर इन पूर्वाग्रहों को दूर करें। यह केवल एक ही बार की बात नहीं, बल्कि निरन्तर प्रयास से सम्भव हो सकता है।

योजना और प्रयास

भारत के सात पत्रकारों का एक दल कुछ वर्षों पहले जर्मनी में आमन्त्रित किया गया था। हालाँकि यह दल जर्मनी में दो सप्ताह तक रहा किन्तु मेरी जानकारी में उसका जर्मन राजधानी बॉन में भारतीय मिशन से कोई सम्पर्क नहीं हो पाया। किसी तरह के दोषारोपण के बगैर यह तो कहा ही जा सकता है यह ठीक नहीं था। दूसरी ओर संयुक्त राज्य अमेरिका के चार सम्पादकों का एक दल 10 मार्च, 1987 में भारत आया था। भारतीय पत्र सूचना कार्यालय के साथ तालमेल और नजदीकी सहयोग से अमेरिकी दूतावास ने भारत में इस दल का एक व्यवस्थित कार्यक्रम आयोजित किया जिसके परिणामस्वरुप अमरीकी अखबारों में काफी अनुकूल और सकारात्मक कवरेज प्रकाशित हुआ।

उदाहरणार्थ बॉस्टन से प्रकाशित फॉक्स्ब्रो रिपोर्टर नामक अखबार ने 'व्यू फ्रॉम हियर' शीर्षक से छपी रिपोर्ट में कहा—"जैसे मन और शरीर स्वस्थ हो तो छवियाँ और धारणाएँ भी सकारात्मक हो जाती हैं। हम भारत में कुछ सिखाने के लिए गये थे और सीख कर लौटे, हम प्रेरक बन कर गये थे और प्रेरित होकर लौटे। कार्यशालाओं के बाद कुछ घण्टों में विद्यार्थियों और पत्रकारिता के अभ्यर्थियों से बात करके हमें पूरी भरी हुई गागरों की याद आयी जिसमें से जितना उँड़ेलोगे उतना ही और प्राप्त करने की गुंजाइश बनती जायेगी।

लेकविल जर्नल ने अपने मई 27, 1987 के अंक में लिखा—"भारत एक युवा मन का प्राचीन देश है। हरित क्रान्ति के बाद से देश अनाज के मामले में आत्मनिर्भर हो गया है। भारत अब चावल का निर्यात करता है—यह ऐसी उपलब्धि है जो सोवियत संघ और चीन अब तक नहीं प्राप्त कर पाये।"

मैं नहीं समझता इस तरह का कवरेज बिना किसी योजना और प्रयास के सम्भव हुआ होगा। आतिथ्य और सम्बद्ध व्यवस्थाओं के अलावा आयोजकों ने इस दल को सकारात्मक रूप से सम्बोधित किया होगा और साथ ही प्रासंगिक सामग्री भी उपलब्ध कराई होगी, ताकि दल के सदस्यों द्वारा समुचित कवरेज सुनिश्चित किया जा सके।

आँखों देखी बातों पर विश्वास करना आसान होता है। फिर परिणाम तो योजना के अनुसार ही प्राप्त होना था। प्रवास के दौरान दल के सदस्यों को आगरा भी घुमाया गया जहाँ उन्हें भिखारियों ने घेर लिया। दल का एक सदस्य 10 का नोट दे रहा था तो उसके साथी ने फोटो खींच ली। पत्र सूचना कार्यालय एक प्रतिनिधि अक्षय कुमार ने हस्तक्षेप करते हुए कहा कि फोटो खींचकर वे भारत की केवल नकारात्मक प्रस्तुति करना चाहते हैं। यह उनके नकारात्मक इरादों को दर्शाता है। दल के सदस्यों ने बात को सही परिप्रेक्ष्य में लिया और उनकी नजरों में अक्षय कुमार की नेकनीयती को लेकर सम्मान बढ़ गया। नतीजा था भारत की एक सकारात्मक छवि बनी जो उपरोक्त उदाहरणों में वर्णित है।

जैसा कि पहले कहा गया है विदेशों में छवि निर्माण भारत और भारतीयों के लिए एक बहुत ही महत्त्वपूर्ण विषय है। यह पूरी तरह से पेशेवर तरीके से किया जाना चाहिए। हमारे यहाँ देशभक्त, प्रतिबद्ध और अनुभवी पेशेवरों की कोई कमी नहीं है। जरूरत केवल इस बात की है कि विदेश प्रचार प्रभाग और भारतीय मिशन विदेशों में छवि-निर्माण और इसके लिए निर्धारित लक्ष्यों को प्राप्त करना अपनी रणनीति का अव्वल नम्बर का बिन्दु माने।

बी.एच.ई.एल. की रणनीति

यहाँ पर इंजीनियरिंग के एक सार्वजनिक उपक्रम द्वारा अपनी छवि प्रस्तुत करने के लिए किये गये एक प्रयोग का जिक्र करना प्रासंगिक होगा। 1980 के दशक में भारत हेवी इलेक्ट्रिकल्स लिमिटेड (बी.एच.ई.एल.) ने अपने उस्तादों के लिए सम्भावित बाजार के रूप में चार क्षेत्रों को चिह्नित किया। यह थे—भूमध्य, दक्षिण-पूर्व एशिया, मध्य-पूर्व और कुछ अफ्रीकी देश।

इन क्षेत्रों में लगभग 20 देशों को जनसम्पर्क के लिए प्रस्तुतीकरण हेतु लक्षित क्षेत्र के रूप में चुने गये थे। लक्षित क्षेत्रों की पहचान करने के बाद, इन देशों की जरूरत के उत्पादों और प्रणालियों की पहचान कर एक जनसम्पर्क रणनीति तैयार की गयी। फिर वहाँ उपलब्ध मीडिया के जरिये उत्पादों और प्रणालियों के उन पहलुओं के प्रचार की व्यवस्था की गयी थी जिससे बी.एच.ई.एल. से आयात करने के लिए निर्णय लेने में उनकी मदद की जा सके। इस सारे अभ्यास की योजना पूरी बारीकी से बनायी गयी। बी.एच.ई.एल. को एक शीर्ष इंजीनियरिंग उपक्रम के तौर पर प्रस्तुत कर जनसम्पर्क अभियान द्वारा बी.एच.ई.एल. की सफलता उसके उत्पादों की रेंज, गुणवत्ता, प्रतिस्पर्द्धा में बढ़त, भारत और विदेशों में उनके प्रदर्शन आदि की रूपरेखा प्रस्तुत की गयी।

हालाँकि इस सारे प्रयास में जनसम्पर्क अभियान के महत्त्व को सटीक रूप से आंका नहीं जा सकता, फिर भी इसके जरिये विभिन्न देशों में बी.एच.ई.एल. की ख्याति एक विश्वसनीय पावर इंजीनियरिंग कम्पनी की तौर पर स्थापित हो गयी। बी.एच.ई.एल. की सफलता की कहानी अब अनेक देशों में वहाँ के दूतावासों की मदद से प्रचारित की गयी है। यद्यपि यह बहुत छोटा नमूना है फिर भी यह विदेशों में छवि निर्माण में लगे लोगों को अपनी रणनीति बनाने में और उसके निरन्तर सफल निष्पादन में प्रेरक साबित हो सकती है।

अध्याय 12

जनसम्पर्क और जनसम्पर्क-सम्बन्धित संगठनों में व्यावसायिक सम्भावनाएँ

एक समय था जब विश्वविद्यालयों और कॉलेजों में पत्रकारिता और जनसंचार स्नातक और स्नातकोत्तर पाठ्यक्रमों के तहत पढ़ाये जाते रहे हैं। किन्तु अब पाठ्यक्रमों का दायरा कई गुना बढ़ गया है और उनके नाम भी काफी बदल गये हैं। अब ये पाठ्यक्रम जनसम्पर्क, कॉरपोरेट संचार, मीडिया प्रबन्धन, विज्ञापन, सांस्कृतिक संचार, आध्यात्मिक संचार, सेवा पत्रकारिता, न्यू मीडिया, प्रिण्ट और टीवी पत्रकारिता, संचार अनुसंधान, प्रसारण पत्रकारिता, वेब पत्रकारिता, विपणन, टीवी कार्यक्रम निर्माण आदि नामों से उपलब्ध हैं। यह सभी पाठ्यक्रम मीडिया से सम्बन्धित है तथा विद्यार्थियों को मीडिया तथा मीडिया से सम्बन्धित संगठनों में प्रवेश के लिए प्रशिक्षित करते हैं। इन पाठ्यक्रमों के विद्यार्थियों के लिए जनसम्पर्क कॉरपोरेट संचार तथा सम्बन्धित क्षेत्रों में काम करने के लिए व्यापक अवसर उपलब्ध हैं। देखा जाये तो यह सभी पाठ्यक्रम विद्यार्थियों को किसी-न-किसी रूप से मीडिया की दुनिया में प्रवेश करने के लिए तैयार करते हैं।

आज मीडिया विश्व के सामाजिक, राजनीतिक तथा आर्थिक परिवर्तन के लिए एक अत्यन्त शक्तिशाली साधन के रूप में उभरा है। शायद ही कोई भी क्षेत्र हो जो मीडिया से अछूता रह गया हो। हर क्षेत्र में इसकी मौजूदगी और प्रभाव को देखते हुए यह सर्वथा उचित ही है कि इसे चौथे स्तम्भ के रूप में जाना जाता है।

वैश्वीकरण की नयी नीति के दो दशकों बाद हमारे देश में, मीडिया का परिदृश्य पूरी तरह से बदल गया है। अब देश में लगभग 1,15,000 समाचार-पत्र और पत्रिकाएँ, लगभग ढाई सौ रेडियो स्टेशन, 400 ट्रान्समीटर, 850 टीवी चैनल और लगभग 300 एफएम रेडियो स्टेशन हैं। पाठकों व दर्शकों की संख्या तथा पहुँच की दृष्टि से यह लगभग सारे देश को समेटे हुए है। मीडिया के सर्वांगीण विकास की यह यात्रा अब पूरे बल के साथ अग्रसर है।

लगता है आज पूरी मानव जाति संचार मुद्रा में है। संचार की नयी प्रणालियाँ इस्तेमाल में सरल तथा उपभोक्ता-केन्द्रित है। लेकिन इन प्रणालियों के प्रबन्धन, सामग्री निर्माण, प्रस्तुति और वितरण लिये विशाल मानव संसाधनों की आवश्यकता है। ये मानव संसाधन सुजान, सूझ-बूझवाला, अच्छी तरह से जानकार और पेशेवर रूप से प्रशिक्षित होना चाहिए। निकट भविष्य में काफी तादाद में पत्रकारिता से एनीमेशन तक, प्रिण्टिंग से नेटवर्क इंजीनियरिंग तक, सृजनात्मक कलाकार और लेखकों ,मीडिया प्रबन्धकों जैसे दक्ष मीडिया व्यवसायियों की आवश्यकता होगी।

निरन्तर बढ़ रहे मीडिया संगठनों के लिए काम करने के अलावा स्वरोजगार एवं उद्यमिता की भी जबरदस्त गुंजाइश बनी हुई है। हाँ एक चेतावनी जरूर देनी होगी। मीडिया की जिम्मेदारियों को देखते हुए, मीडिया में सम्भावित प्रवेशकों के विशिष्ट शैक्षणिक और पेशेवर डिग्री से व्यक्तिगत गुण और संचार कौशल कहीं अधिक महत्त्वपूर्ण साबित हो सकते हैं।

जनसम्पर्क-सम्बन्धित संगठनों में प्रवेश की इच्छा रखनेवाले को मेहनती, आत्मविश्वास से लबरेज और वांछित कौशल के अलावा उत्तम संचारकर्त्ता होना चाहिए।

उत्तम शैक्षणिक पात्रता अर्थात् परीक्षाओं में अंकों के किसी भी स्कोर के बावजूद, केवल वे ही उन पाठ्यक्रमों में प्रवेश पाने में सफल होंगे जो समूह चर्चा से लेकर साक्षात्कार तथा फील्ड और डेस्क के वास्तविक कार्य के दौरान खुद को प्रभावी रूप से प्रस्तुत कर सकते हैं। इसके लिए उनकी सोच और अभिव्यक्ति स्पष्ट होना चाहिए। उनमें प्रिण्ट इलेक्ट्रॉनिक इण्टरनेट वेब मीडिया के लिए पाठकों, दर्शकों और उपयोगकर्त्ताओं की आवश्यकताओं, समझ और स्तर के अनुरूप सोचने, लिखने और बोलने की क्षमता होना चाहिए। तात्पर्य यह कि वे अपने लेखन या अभिव्यक्ति से लक्षित पाठकों और दर्शकों की जानकारी के स्तर में निरन्तर वृद्धि कर सकें।

तो उपरोक्त विवरण से स्पष्ट है कि जनसम्पर्क और उससे सम्बन्धित क्षेत्रों में रोजगार और उद्यमिता के विशाल अवसर हैं। मीडिया से सम्बन्धित संगठनों में सक्षम और परिणामोन्मुख पेशेवर व्यक्तियों की आवश्यकता है। ऐसे में उन विश्वविद्यालयों, कॉलेजों, पेशेवर संस्थानों की भूमिका महत्त्वपूर्ण है जो मीडिया की समग्र परिभाषा के तहत प्रशिक्षण प्रदान करते हैं।

इस क्षेत्र में एक विशिष्ट विश्वविद्यालय है–माखनलाल चतुर्वेदी राष्ट्रीय पत्रकारिता एवं संचार विश्वविद्यालय, जिसका भोपाल में मुख्यालय और नोएडा (यूपी) खण्डवा, रीवा, अमरकण्टक, दतिया (एमपी) में कैम्पस हैं और करीब 1800

अध्ययन केन्द्र हैं। यह लगभग एक लाख की छात्र संख्या के साथ मीडिया शिक्षा में महत्त्वपूर्ण भूमिका निभा रहा है। विश्वविद्यालय में प्रिण्ट मीडिया से अत्याधुनिक इलेक्ट्रॉनिक मीडिया, ऑडियो-विजुअल और कम्प्यूटर विज्ञान के अलावा विज्ञापन, जनसम्पर्क, जन-संचार आदि के पाठ्यक्रम संचालित किये जाते हैं।

इसी तरह का जन-संचार से सम्बन्धित अध्ययन का एक और विशिष्ट विश्वविद्यालय है रायपुर (छत्तीसगढ़) स्थित कुशाभाऊ ठाकरे पत्रकारिता और जन संचार विश्वविद्यालय। इस संस्थान का प्रदर्शन भी काफी अच्छा रहा है। यहाँ से उत्तीर्ण हुए अनेक छात्र मीडिया व जनसम्पर्क कर्मियों के रूप में प्रतिष्ठित संस्थानों से जुड़े हुए हैं। फिर आई.आई.एम.सी., एक्सप्रेस और टाइम्स स्कूलों जैसे बहुत सारे कॉलेज, और अन्य विश्वविद्यालय हैं जहाँ मीडिया शिक्षा से सम्बन्धित पाठ्यक्रम उपलब्ध हैं।

प्रिण्ट मीडिया में अनेक पद होते हैं जिन्हें तीन मुख्य समूहों में बाँटा जा सकता है– रिपोर्टिंग, संपादन और सामान्य प्रबन्धन जैसे विज्ञापन, मानव संसाधन, विपणन, प्रसार, लेखा आदि। रिपोर्टिंग में पद क्रम निचली पायदान से इस प्रकार होते हैं—रिपोर्टर, वरिष्ठ रिपोर्टर, मुख्य रिपोर्टर, प्रमुख संवाददाता, विशेष संवाददाता, ब्यूरो प्रमुख आदि। संपादन विभाग में यह क्रम होता है—उप-सम्पादक, वरिष्ठ उप-सम्पादक, मुख्य उप-सम्पादक, उप-समाचार सम्पादक, समाचार सम्पादक, सहायक सम्पादक, सम्पादकीय सलाहकार, सम्पादक, प्रधान सम्पादक आदि।

इलेक्ट्रॉनिक मीडिया में मुख्य रूप से रेडियो, इलेक्ट्रॉनिक, वेब, इण्टरनेट, नयी मीडिया आदि शामिल हैं। इलेक्ट्रॉनिक मीडिया में व्यापक रूप से नाम हैं— रचनात्मक विभाग-स्क्रिप्टराइटर, विजुअल, ग्राफिक डिजाइनर, सीनिक डिजाइनर, क्रियेटिव डाइरेक्टर और अन्य पद होते हैं।

तकनीकी विभाग-प्रोग्राम निर्माता, कैमरामैन, साउंड रिकॉर्डिस्ट, प्रसारण/वीडियो इन्जीनियर, वीडियो रिकॉर्डर, वीडियो सम्पादक, मेक-अप मैन, फ्लोर मैनेजर, एनिमेटर, लाइटिंग डाइरेक्टर, टेक्निकल निदेशक आदि। न्यू मीडिया-कण्टेण्ट डेवलपर, कण्टेण्ट मॅनेजर, वेब पेज डेवलपर, वेब पेज डिजाइनर, वेब पेज मॅनेजर आदि।

जनसम्पर्क, जिसे अब कॉरपोरेट कम्युनिकेशन कहा जाता है, उन लोगों के लिए अनेक व्यावसायिक अवसर प्रदान करता है जिनका गहरा झुकाव जनसम्पर्क की तरफ है। इस व्यवसाय के लिए व्यक्ति में आत्मविश्वास, कड़ी मेहनत की क्षमता, पूर्वदृष्टि, दूरदर्शिता और मानव मानस की समझ जरूरी है। इस व्यवसाय में जनसम्पर्क/सूचना सहायक, जनसम्पर्क अधिकारी/कार्यकारी, कॉरपोरेट संचार

प्रबन्धक, महाप्रबन्धक और कार्यकारी निदेशक/कॉरपोरेट संचार आदि के पद शामिल हैं।

मीडिया की समग्र परिधि के तहत विज्ञापन भी एक महत्त्वपूर्ण क्षेत्र है जिसमें बहुत सारे व्यावसायिक अवसर हैं, जैसे—लेखा कार्यकारी, ग्राहक सेवा अधिकारी, कॉपी लेखक, विजुअलाइजर, मीडिया प्लानिंग एक्जेक्यूटिव, अनुसंधान, विपणन, इवेण्टमैनेजमेण्ट, ग्राफिक डिजाइनर, रचनात्मक निर्देशक आदि।

अब हम उपरोक्त क्षेत्रों में कैरियर में सफलता के लिए आवश्यक गुणों को रेखांकित करते हैं। ये हैं—तीक्ष्ण बुद्धि, निष्ठा, चौकस आँखें और कान, कड़ी मेहनत, आत्मविश्वास, जानकार व्यक्तियों से मिलने की उत्कट इच्छा और जानकारी के 'स्रोत' विकसित करने का कौशल, निडरता, जनसम्पर्क का रुझान, जानकारी अद्यतन करने और दूसरों को पीछे छोड़ने का दृढ़ संकल्प, अच्छा संचार कौशल, मौखिक- लिखित जानकारी/राय एकत्रित करने और आत्मसात् करने का कौशल, सत्यापन और प्रिण्ट और इलेक्ट्रॉनिक मीडिया के लिए 'कापी' तैयार करने का कौशल। इसके अतिरिक्त वह व्यक्ति उपयोगकर्त्ता की आवश्यकताओं पर नजर रखते हुए खुद को व्यवस्थित करने में समर्थ हो।

यहाँ तक तो सब ठीक और उत्साहजनक है। लेकिन, एक व्यक्ति मीडिया या मीडिया से सम्बन्धित संगठनों में कैरियर के लिए खुद को तैयार कैसे करे? अन्य विषयों की तरह विश्वविद्यालयों, कॉलेजों और पेशेवर अध्ययन संस्थानों, मीडिया संस्थानों, एनजीओ आदि में इन विषयों के विस्तृत पाठ्यक्रम हैं। तेजी से बदलते परिदृश्य में मीडिया संस्थानों की श्रमशक्ति की बढ़ती जरूरतों के मद्‌देनजर विश्वविद्यालयों ने विशेष रूप से पाठ्यक्रम विकसित किये हैं। इनमें वीडियो निर्माण, मल्टीमीडिया, ग्राफिक्स एनीमेशन, मनोरंजन संचार, विज्ञापन और विपणन संचार, कॉरपोरेट संचार, इण्टरनेट पत्रकारिता, मुद्रण प्रौद्योगिकी, पर्यावरण संचार, आध्यात्मिक संचार आदि पाठ्यक्रम शामिल हैं।

आज पत्रकारिता देश में विभिन्न विश्वसविद्यालयों के जनसंचार और मीडिया विभागों विश्वविद्यालयों, कॉलेजों और विभिन्न निजी मीडिया अध्ययन स्कूलों से योग्य और प्रशिक्षित पेशेवर जनबल उपलब्ध हो रहा है। वैसे मीडिया प्रशिक्षण संस्थानों को अपनी प्रयोगशालाओं में आदर्श रूप से सैद्धान्तिक और व्यावहारिक अध्ययन का उपयुक्त मिश्रण विकसित करना चाहिए। मीडिया में व्यावसायिक पाठ्यक्रमों के साथ अधिक व्यावहारिक प्रशिक्षण निश्चित रूप से लाभकारी साबित होगा। संस्थानों को चाहिए कि वे मीडिया में विशिष्ट अनुप्रयोगों के लिए अत्याधुनिक प्रौद्योगिकियों का अधिकाधिक उपयोग करें।

इण्टर्नशिप या प्रशिक्षणात्मक जुड़ाव

इन व्यावसायिक पाठ्यक्रमों का एक महत्त्वपूर्ण घटक है मीडिया और मीडिया से जुड़े संस्थानों के साथ इण्टर्नशिप या प्रशिक्षणात्मक जुड़ाव, नौकरी पर रहते हुए प्रशिक्षण, विशेष परियोजना का काम आदि। समाचार-पत्र, पत्रिकाएँ, रेडियो स्टेशन, टेलीविजन चैनल और अन्य मीडिया संस्थान नये स्नातकों को कुछ समय तक अपने साथ जुड़कर विभिन्न विभागों में प्रशिक्षण की अनुमति देते हैं। उदाहरण के लिए प्रिण्ट पत्रकारिता चुननेवाले छात्र समाचार कक्ष के वास्तविक संचालन को देखकर प्रत्यक्ष रूप से सम्पादकीय डेस्क और सम्बन्धित क्षेत्रों के काम को सीख सकते हैं– कहाँ से और कैसे समाचार का प्रवाह होता है, यह कैसे संपादन के लिए चुना जाता है और समाचार-पत्र में प्रकाशन से पहले कॉपी कैसे परिष्कृत होती है, कैसे समाचारों की सत्यता की पडताल और विश्लेषण कर ध्यानपूर्वक सुर्खियाँ, उपशीर्षक, पैराग्राफ बनाकर छपने योग्य बनाया जाता है। छात्र कुछ आयोजनों, घटनाओं या पत्रकार वार्त्ताओं का कवरेज कर रिपोर्टिंग का कौशल भी सीखते हैं।

रेडियो और टेलीविजन क्षेत्र के अभ्यर्थियों को विभिन्न लक्षित दर्शकों के लिए निर्दिष्ट कार्यक्रमों के आकल्पन से उत्पादन के लिए आवश्यक व्यक्तियों की पहचान, ब्रिफिंग कार्यक्रमों की शूटिंग, मिक्सिग, वॉयस-ओवर आदि सीखना होता है। हर स्थापित अखबार, रेडियो और 'टीवी स्टेशन' के पास एक अभिलेखागार में लिखित सन्दर्भ, साहित्य और तस्वीरों का संग्रह होता है।

उपरोक्त कथन में हमने जनसम्पर्क के महत्त्व, रोजगार के अवसरों, विभिन्न पाठ्यक्रमों के नामकरण, आवश्यक शैक्षणिक योग्यता और इन संगठनों में प्रवेश के लिए उपलब्ध प्रशिक्षण सुविधाओं के बारे में जाना है। अब हम इन संस्थानों में विभिन्न पदों पर चुने जाने के लिए आवश्यक तैयारियों की चर्चा करते हैं।

विश्वविद्यालयीन डिग्री के साथ ही व्यक्ति को अपनी योग्यता, रूझान और आन्तरिक इच्छा के अनुरूप व्यवसाय चुनकर इससे सम्बन्धित पाठ्यक्रम के लिए उपयुक्त शिक्षण संस्थान ढूँढ़कर इस पाठ्यक्रम को पूरा कर व्यवसाय के योग्य बनना चाहिए। पहले दिन से ही लेखन का अभ्यास करना चाहिए क्योंकि इस पेशे में सभी पदों के लिए लेखन कौशल अनिवार्य है।

यदि वह प्रिण्ट मीडिया में जाना चाहता है तो उसे सम्पादक के नाम पत्र से शुरुआत कर, फीचर, आलेख, साक्षात्कार और किसी आयोजन की रिपोर्ट आदि लिखकर अभ्यस्त होना चाहिए। अपने पाठ्यक्रम के पूरा होने तक उसके नाम से कम-से-कम 15 से 20 लेख, फीचर, रिपोर्ट, आदि छप जाने चाहिए। इससे किसी भी व्यावसायिक संस्थान का चयन मण्डल उसके लेखन कौशल से प्रभावित हो

सकता है। लेखन कौशल जनसम्पर्क या मीडिया संगठन में प्रवेश के लिए आवश्यक है।

इसी तरह इलेक्ट्रॉनिक मीडिया में प्रवेश के लिए अध्ययन कर रहे व्यक्ति को कार्यक्रम के आकल्पन, कथानक लेखन, किसी आयोजन या घटना की रिपोर्ट लिखने का अभ्यास करना चाहिए। इस मीडिया में अपनी इंटर्नशिप के दौरान अवसर का पूरा लाभ उठाते हुए आकल्पन, रचना लेखन तथा कार्यक्रम को प्रसारित करने की पूरी प्रक्रिया का अभ्यास करना चाहिए।

विज्ञापन तथा जनसम्पर्क में भी आकल्पन और कॉपी राइटिंग के विशिष्ट कौशल की आवश्यकता होती है, जिसके जरिये व्यक्ति विज्ञापन की कॉपी, ज्ञापन, लेख भाषण या वार्षिक रिपोर्ट लिखना सीख सकें। व्यक्ति को चाहिए कि वह अलग-अलग अवसरों पर, अलग-अलग लोगों के लिए सार्थक लेखन का अभ्यास करे। विज्ञापन या अन्य आलेखों की एक अच्छी फाइल किसी भी चयन मण्डल के सदस्यों को व्यक्ति की सोच, कल्पना शक्ति और लेखन कौशल के बारे में प्रभावित कर सकती है। इसके अतिरिक्त किसी व्यक्ति को अपनी क्षमता और संस्थान के लिए उपयोगिता का प्रभावी प्रदर्शन करना अत्यन्त आवश्यक है।

यह हाजिर जवाबी या चुस्त बातचीत के अलावा अपने लेखन के अच्छे नमूनों के जरिये भी साबित किया जा सकता है। इस सबसे ज्यादा अन्य उम्मीदवारों के मुकाबले में किसी जनसम्पर्क संस्थान, मीडिया या मीडिया से सम्बन्धित संस्थान में कैरियर बनाने में मदद कर सकता है।

अध्याय 13

प्रभावी संचार के लिए छद्म-लेखन

हर चमकती चीज सोना नहीं होती। इसी तरह सभी बड़े बयानों में, विशेष रूप से राजनेताओं के, उससे परे भी काफी कुछ होता है जो आँखें देख सकती हैं या कान सुन सकते हैं। नये प्रेरणादायक शब्दों और बयानों को प्रभावी ढंग से गढ़ने के हथकण्डे छद्म-लेखन की खास पहचान है। दुनिया के शीर्ष वक्ताओं के भाषणों पर नजर डालें तो छद्म-लेखकों की गुणवत्ता का पता चलता है। जॉन केनेडी, मार्गरेट थैचर, विंस्टन चर्चिल, जवाहरलाल नेहरू, इन्दिरा गाँधी, एस राधाकृष्णन, मार्टिन लूथर किंग आदि के कुछ भाषण दुनिया के उत्कृष्ट भाषणों में हैं। जैसे कि कैनेडी के भाषण में "यह न पूछें अमेरिका ने आपके लिए क्या किया है, पूछें कि आपने अमेरिका के लिए क्या किया है" और मार्टिन लूथर किंग की कृति में 'मेरा एक सपना है', जैसे ऐतिहासिक शब्द अब भी कई दशक, बल्कि एक सदी के बाद भी हमारे कान में गूँजते हैं। ऑक्सफोर्ड डिक्शनरी के अनुसार छद्म लेखक वह लेखक है जिसके कार्य का श्रेय उसका नियोक्ता लेता है। सच तो है, क्योंकि भाषण के अन्त में जब तालियों की गड़गड़ाहट या वाहवाही होती है तो वक्ता को देख ऐसा लगता है जैसे सारी तारीफ का हकदार वह खुद को मान रहा है।

छद्म-लेखन बहुत प्रचलित है और इसीलिए छद्म-लेखक भी बहुतायत में उपलब्ध हैं। छद्म-लेखक अपने नियोक्ताओं की (जैसा ऑक्सफोर्ड डिक्शनरी में जिक्र है) छवि बनाने में या जनसामान्य के बीच उसे उभारने में महत्त्वपूर्ण भूमिका निभाते हैं। भाषण लेखन या आलेख लेखन, या मुख्य वक्तव्य लिखना आसान काम नहीं है चाहे वह राष्ट्रपति या प्रधान मन्त्री या एक बड़े व्यापारिक संस्थान के अध्यक्ष या गैर सरकारी संगठन के अध्यक्ष या संयुक्त राष्ट्र के महासचिव या अध्यक्ष आदि किसी के लिये भी हो।

छद्म लेखक के गुण

छद्म लेखक जो आमतौर पर जनसम्पर्क और नियोजन के क्षेत्र से आते हैं उच्च क्षमता, ज्ञान, समझ और गहरी अन्तर्दृष्टि के व्यक्ति होने चाहिए जो प्रासंगिक जानकारी इकट्ठा करने और उसे एक भाषण या एक लेख के रूप में पिरोकर प्रस्तुत करने में सक्षम हों। प्रत्येक भाषण के लिए अवसर के अनुरूप विषयवस्तु को अलग तरीके से संजोना होता है। दर्शकों की धारणा और अपेक्षाओं तथा वक्ता और उनके संगठन की नीति के अनुरूप वक्तव्य ढाले जाते हैं।

उदाहरण के लिए हमारे प्रधानमन्त्री डॉ. मनमोहन सिंह के 23 सितम्बर 2004 को संयुक्त राष्ट्र महासभा में भाषण देखें। यह एक कुशल संचारकर्मी के हाथों तैयार किया गया होगा। इनपुट प्राप्त किये गये होंगे, पुनरीक्षित किये गये और अन्त में प्रधान मन्त्री द्वारा अनुमोदित किया गया। यह सब इसलिए क्योंकि इस अवसर पर भारतीय प्रधानमन्त्री के भाषण में अन्तरराष्ट्रीय असर पड़ता है। कभी-कभी शब्द, हर वाक्य और हर वक्तव्य को बार-बार तौला जाता है। इसके अलावा इसकी तथ्यात्मक सटीकता को सुनिश्चित करना होता है। बड़े व्यापारिक संस्थानों के मुख्य कार्यकारी अधिकारी (सी.ई.ओ.) भाषण लेखन के बारे में क्या तरीका अपनाया जाता है?

इस मौके की तारीख से पहले जो अधिकारी सी.ई.ओ. के दिमाग को जानते हैं और कम्पनी की नीति से परिचित हैं, वे एक व्यापक रूपरेखा तैयार करते हैं। सम्बन्धित विभाग के प्रमुखों से इनपुट प्राप्त होते हैं। फिर एक मसौदा तैयार किया जाता है। इसे शीर्ष प्रबन्धन के लोगों अर्थात् निर्देशकों के बीच भेजा जाता है। वे इसे अपने नजरिये से देखते हैं और फिर छद्म-लेखक सी.ई.ओ. के निजी अनुमोदन के लिए अन्तिम मसौदा तैयार करता है। व्यावसायिक घरानो में कोई भाषण लेखक नहीं होते। यह काम आम तौर पर प्रबन्धन सेवाओं या नियोजन विभाग द्वारा अन्य प्रमुख विभागों के साथ निकट परामर्श से पीआर और विज्ञापन एजेन्सियों के लेखकों की सहायता से लिखी जाती है।

मुख्य भाषण लेखन

आलेख, पेपर या मुख्य भाषण लेखन व्यावसायिक और इस तरह के संगठनों में एक महत्त्वपूर्ण गतिविधि है। इस कार्य के लिये छद्म-लेखक स्वयं की जानकारी और सन्दर्भ सामग्री विकसित कर उसे अद्यतन करते रहते हैं। इसमें प्रासंगिक समाचार-पत्रों और पत्रिकाओं से लेख और अन्य सामग्री शामिल हैं। इण्टरनेट के आगमन के साथ छद्म-लेखक का काम आसान हो गया है, क्योंकि अब किसी भी विषय पर नवीनतम जानकारी कुछ ही सेकण्ड में हासिल की जा सकती है। एक सफल जनसम्पर्क कर्मी न सिर्फ मीडिया के लिए लिखने की दक्षता रखता है बल्कि

उसे नियोक्ता या मालिक के लिए लिखने को तैयार रहना होगा। वास्तव में एक सफल जनसम्पर्क कर्मी छद्म-लेखक के रूप में खुद को सी.ई.ओ. के रूप में रखकर सोचता है और एक ऐसा भाषण तैयार कर सकता है जो मुख्य कार्यकारी अधिकारी की छवि के साथ ही संगठन का नाम भी ऊँचा कर दे।

अध्याय 14

प्रदर्शनी-संचार का एक सर्वव्यापी माध्यम

किसी भी विशेषज्ञ से पूछें संचार का सबसे अच्छा माध्यम क्या है? जवाब होगा आमने-सामने का संचार। आज की दुनिया में, चन्द लोगों से लेकर लाखों कर्मचारियों के साथ राष्ट्रीय और अन्तर्राष्ट्रीय सीमाओं में फैले संस्थानों में आमने-सामने संचार करना सम्भव नहीं है। फिर भी लोगों की निम्न तीन मुख्य आवश्यकताओं को पूरा करने के लिए संचार जरूरी है -

1-सूचना प्राप्ति का अधिकार

2- सुने जाने का अधिकार,

3- चुनने का अधिकार

जनसंचार के पारंपरिक माध्यम हैं प्रिण्ट और इलेक्ट्रॉनिक मीडिया, जो सभी राष्ट्रीय और अन्तरराष्ट्रीय सीमाओं से परे सूचनाओं को पहुँचाने में सक्षम हैं।

लेकिन इन मीडिया में किसी-न-किसी कारण विश्वसनीय संचार का अभाव है। उदाहरण के लिए, एक उत्पाद का विज्ञापन लें। विज्ञापन चूँकि पैसे देकर प्रसारित किया जाता है तो उसके माध्यम से किसी भी उत्पाद को दुनिया में सबसे अच्छा कह सकते हैं। परन्तु यह तो एकतरफा और अन्धभक्ति-पूर्ण संचार ही होगा।

लघु रूप

प्रदर्शनियों का माध्यम अच्छे और विश्वसनीय संचार के सभी आवश्यक गुणों को समेटे हुए होता है। संगठन का प्रदर्शन स्टॉल वास्तव में संगठन का एक लघु स्वरूप होता है। स्टॉल, कम्पनी के उत्पादों, सेवाओं और प्रणालियों को विभिन्न माध्यमों से प्रदर्शित करता है जैसे—ऑडियो और विजुअल-और कम्पनी के अधिकारियों की उपस्थिति में स्टॉल में आनेवाले दर्शकों के साथ प्रत्यक्ष संचार। आगन्तुक संगठन, या इसके उत्पादों के बारे में जान सकते हैं, बात कर सकते हैं, समझा सकते हैं और शिकायत भी कर सकते हैं। दूसरी तरफ, दर्शकों के पास प्रत्यक्ष जानकारी होती है, जिससे उनकी गलतफहमियाँ और गलत धारणाएँ भी दूर हो सकती हैं।

उदाहरण के लिये प्रदर्शनी की आगन्तुक पुस्तिका में दर्ज निम्नलिखित कुछ टिप्पणियों से यह बात स्पष्ट हो जायेगी—'उत्कृष्ट', बढ़िया उत्पादों और प्रक्रियाओं का बहुत अच्छा प्रदर्शन, 'आपकी कम्पनी की उपलब्धियों से बेहद प्रभावित', 'सौर जल पम्पों के बारे में अधिक जानकारी में दिलचस्पी है', 'स्टॉल में कोई साहित्य उपलब्ध नहीं है', 'डिस्प्ले पैनल और मॉडल के बारे में समझाने के लिए कोई उपलब्ध नहीं है', 'बहुत सी चीजें सँकरी सी जगह में भर दी गयी है', 'आपकी कम्पनी के बारे में मेरा ख्याल खराब सामान के उत्पादक का था अब बदल गया आप उच्च गुणवत्ता के सामान के उत्पादक हैं'. और ऐसे ही कुछ और।

प्रत्यक्ष संचार

पारम्परिक प्रिण्ट और इलेक्ट्रॉनिक मीडिया के विपरीत प्रदर्शनी का माध्यम प्रत्यक्ष संचार के साधन के रूप में काफी प्राचीन है।

यूरोप के कुछ प्राचीन व्यापार केन्द्रों में 12 वीं शताब्दी भी में प्रदर्शनियाँ आयोजित होती थीं. बाद में पश्चिम में व्यापार प्रदर्शनियों और भारत में मेलों के रूप में निरन्तर आयोजित होते रहे हैं। ऐसे मेले विक्रेता और खरीदार को एक आम मंच प्रदान करते थे क्योंकि भावी खरीदार न केवल विक्रेता के साथ बल्कि उसके उत्पादों के साथ भी रू-ब-रू होता था।

बदलते समय के साथ औद्योगिक क्रान्ति के बाद से इन मेलों ने यूरोप में व्यापार मेलों का रूप ले लिया तथा 18 वीं, 19 वीं और 20 वीं शताब्दी में व्यापार और उद्योग की, विशेष रूप से पश्चिम में, तीव्र वृद्धि हुई। इसके साथ ही सरकारें विदेशों में उत्पादों और सेवाओं के लिए बाजारों को खोजने की आवश्यकता के बारे में तेजी से जागरूक होती गयीं। सरकारें अब उन मेलों को बढ़ावा देने लगीं जिनमें उद्योगों की ओर से उत्पादों और उपलब्धियों को दिखाया जा सकता था।

कुल मिलाकर, इन मेलों ने भागीदार देशों और प्रतिभागी कम्पनियों के छवि-निर्माण में बहुत मदद की।

इन राष्ट्रीय मेलों और प्रदर्शनियों में स्वदेशी और विदेशी निर्माताओं दोनों को अपने उत्पादों और सेवाओं की बिक्री की दृष्टि से अच्छा प्रतिसाद मिला।

धीरे-धीरे अन्तरराष्ट्रीय प्रदर्शनियों की अवधारणा बनी और लन्दन में 1851 में आयोजित प्रदर्शनी में लगभग 25 देशों ने भाग लिया। यहाँ एक ही छत के नीचे दुनिया भर से सर्वश्रेष्ठ उत्पादों और सेवाओं का व्यापक नजारा उपलब्ध था। यह प्रदर्शनी बड़ी सफल हुई और इसने आर्थिक और औद्योगिक उन्नति में संलग्न देशों में अन्तरराष्ट्रीय मेलों और प्रदर्शनियों के आयोजन की नींव डाली।

आज के अशान्त और प्रतिस्पर्द्धात्मक वातावरण में पेशेवर जनसम्पर्क कर्मियों के लिए यह सुनिश्चित करना महत्त्वपूर्ण है कि इस तरह की प्रदर्शनी में भाग लेने पर हुए खर्च का कम्पनी को समुचित सकारात्मक लाभ प्राप्त हो। हालाँकि इस तरह के लाभ को रुपये और पैसों में मापना सम्भव नहीं है, फिर भी एक प्रदर्शनी में प्रतिभागिता से निकले परिणामों को मापने के लिए वैज्ञानिक साधन उपलब्ध हैं।

संगठन के हित में पेशेवर जनसम्पर्क कर्मियों के लिए उचित होगा कि वे एक निश्चित कार्यसूची का पालन करें जिसमें निम्नलिखित बिन्दु शामिल हो सकते हैं—

विपणन की रणनीति

कम्पनी के वाणिज्यिक/विपणन समूह के साथ घनिष्ठ और निरन्तर सम्पर्क के जरिये कम्पनी की रणनीति और उत्पादों के बारे में जानना जरूरी है। विपणन योग्य उत्पादों और सेवाओं के साथ ही उन राष्ट्रीय और अन्तरराष्ट्रीय क्षेत्रों का अध्ययन करना जरूरी है जो सम्भावित बाजार के रूप में कम्पनी के लिए उपयुक्त हैं। जनसम्पर्क कर्मियों को वाणिज्यिक/विपणन विभागों के साथ परामर्श करके यह भी जानना चाहिए कि कम्पनी किन प्रदर्शनियों में भाग ले। जनसम्पर्क विभाग को प्रदर्शनियों के आयोजन में लगे राज्य, राष्ट्रीय और अन्तर्राष्ट्रीय स्तर के निकायों से आगामी प्रदर्शनियों का एक कैलेण्डर प्राप्त कर लेना चाहिए। इस सूची का आयोजन स्थल, प्रदर्शनी की समग्र संरचना और सम्भावित आगन्तुकों की दृष्टि से ध्यान से अध्ययन किया जाना चाहिए।

पिछले कुछ वर्षों में अधिक-से-अधिक मेलों का आयोजन उत्पादों, सेवाओं और काम की विशिष्टता के अनुसार होता आ रहा है जैसे—ऑटोमोबाइल, चमड़ा,भवन निर्माण सामग्री, कागज, इलेक्ट्रॉनिक्स, गृह उत्पाद, ऊर्जा उत्पाद, पुस्तकें, यात्रा और पर्यटन आदि। ये मेले विशिष्ट क्षेत्रों के विशेष उत्पादों और सेवाओं के प्रदर्शन के लिए उत्कृष्ट अवसर प्रदान करते हैं।

प्रतिभागिता की रणनीति

जनसम्पर्ककर्मियों के मानस में प्रदर्शनी के सम्भावित आगन्तुकों, उनकी पृष्ठभूमि, उनके व्यवसाय, उनकी आवश्यकताओं और सम्भावित खरीददारों या कम्पनी के उत्पादों और सेवाओं के उपयोगकर्त्ता के रूप में उनकी क्षमता का एक स्पष्ट चित्र होना चाहिए। और इस पृष्ठभूमि में प्रतिभागिता की रणनीति तैयार की जानी चाहिए।

प्रतिभागिता की रणनीति में कॉपी-टेक्स्ट पैनल, अभिवर्द्धित और प्रभावशाली चित्र, उत्पाद और सेवाओं का वर्णन शामिल हो। यह वास्तविक उत्पादों या अच्छी

तरह से तैयार किये गये माडलों के माध्यम से किया जा सकता है। एक सतत चल रही ऑडियो-विज़ुअल प्रस्तुति या वीडियो फ़िल्म के माध्यम से कम्पनी की एक तस्वीर आगन्तुकों को दिखायी जा सकती है। प्रदर्शनी की समग्र विषयवस्तु के अनुरूप उत्पादों और सेवाओं पर विशेष रूप से तैयार लघु फ़िल्म भी बनायी जानी चाहिए। कम्पनी के सम्भावित खरीददारों प्रयोक्ताओं के बीच जागरूकता और रुचि पैदा करने के लिए 10 से 12 मिनट की एक प्रस्तुति आयोजित की जा सकती है।

इसके बाद आता है कम्पनी के उत्पादों और सेवाओं के बारे में विशेष रूप से तैयार किया गया साहित्य और इसके साथ ही अब तक की गयी आपूर्ति की सन्दर्भ सूची।

इलेक्ट्रिकल इंजीनियरिंग में विश्व की शीर्षस्थ कम्पनी एबीबी ने अपनी विभिन्न गतिविधियों और उत्पादों के बारे में जानकारीयुक्त आकर्षक पुस्तिकाएँ प्रकाशित कीं। इनमें एक ऑपरेटरों के लिए, दूसरी इंजीनियरों के लिए और तीसरी प्रबन्धकों के लिए थी। इसके अलावा कागज उद्योग के लिए एबीबी के कुल योगदान के बारे में समग्र जानकारीयुक्त एक पुस्तिका वितरित की जिसे कुछ साल पहले नयी दिल्ली में आयोजित 'पेपरेक्स' नामक प्रदर्शनी में एबीबी स्टॉल पर आये सम्भावित खरीददारों और उपयोगकर्त्ताओं द्वारा बहुत सराहा गया।

स्पष्टीकरण की व्यवस्था

कई कम्पनियाँ एक महत्त्वपूर्ण पहलू की उपेक्षा करती हैं, वह है कम्पनी के उत्पादों और सेवाओं के बारे में विस्तारपूर्वक समझाने के लिये जानकार लोगों की स्टॉल में उपलब्धता। कुछ कम्पनियाँ सुन्दर, अच्छे कपड़े पहनी हुई आकर्षक लड़कियों को नियुक्त करने में अधिक रुचि रखती हैं जो स्टाल के आसपास ऐसी खड़ी रहती या चलती हैं जैसे यह एक फैशन शो हो। इससे ज्यादा जरूरी है स्टॉल पर विशेषज्ञों और ज्ञानवान लोगों की उपलब्धता। कौन जानता है कब कोई सम्भावित ग्राहक चला आये जो जिज्ञासा के समुचित समाधान से एक वास्तविक खरीददार बन जाये। ऐसे मौके खोना नहीं चाहिए।

विशेष रुचि समूह के साथ आयोजित सत्र

जनसम्पर्क विभाग को संगठनों और उन लोगों की पहचान करनी चाहिए जिन्हें विशेष रूप से स्टॉल पर आने के लिए आमन्त्रित किया जा सकता है। बाद में कम्पनी के अधिकारियों के साथ उनके विशेष सत्र आयोजित किये जा सकते हैं। इसका एक जीवन्त उदाहरण कुछ ऐसा है—बी.एच.ई.एल. ने 1985 में बीजिंग (चीन) में एक अतरराष्ट्रीय मेले में भाग लिया। स्टॉल पर प्रासंगिक और आकर्षक

सजावट के अलावा बी.एच.ई.एल. ने और उपयोगकर्त्ताओं के साथ बैठकों की व्यवस्था की। इन सत्रों में से प्रत्येक में सम्भावित खरीददारों से सीधे जुड़े हुए लगभग 25 इंजीनियरों ने भाग लिया। ये इंजीनियर डिजाइन, सामग्री प्रबन्धन, वित्त और उत्पादन क्षेत्रों से थे और अपने संगठनों की ओर से उत्पादों और सेवाओं की खरीद के लिए निर्णायक भूमिका निभा सकते थे। इन बैठकों में बी.एच.ई.एल. के जानकार व्यक्तियों ने लिखित जानकारी और डेटा के साथ प्रस्तुतियाँ दीं जो प्रतिभागियों ने अपनी कम्पनियों को पहुँचायीं। सत्र के दौरान बी.एच.ई.एल. के अधिकारियों ने सभी सवालों का समाधानकारक जवाब दिया। सत्र के अन्त में, एक प्रतिभागी ने टिप्पणी की मुझे नहीं पता था कि बी.एच.ई.एल. की उच्च गुणवत्तावाले सामान और सेवाओं की इतनी बड़ी रेंज है। उम्मीद है कि हम बी.एच.ई.एल. के साथ स्थायी सम्बन्ध स्थापित करेंगे।'

अनुवर्त्तन

प्रदर्शनी खत्म हो जाने के साथ ही जनसम्पर्क विभाग के लोग अकसर वापस चले जाते हैं। यह सही नहीं है। जनसम्पर्क विभाग को आगन्तुक पुस्तिकाओं में लिखित सवालों की एक उचित प्रारूप में सूची बनाकर उन्हें सम्बन्धित विपणन/वाणिज्यिक अधिकारियों के पास भेजना चाहिए और सुनिश्चित करना चाहिए कि आगन्तुकों को अन्तरिम उत्तर तुरन्त भेजे जायें। उनके द्वारा पूछे गये सवालों के विस्तृत उत्तर भी एक उचित समय सीमा के भीतर दिये जाना चाहिए क्योंकि एक लम्बे अन्तराल के बाद हम रुचि खो देते हैं। यदि कम्पनी समय रहते जवाब न दे तो यह सम्भवतः सम्भावित खरीदारों/प्रयोक्ताओं के दिमाग से भी बाहर हो सकती है। इससे ऐसी प्रदर्शनी में भाग लेने के लिए किया गया प्रयास व्यर्थ हो सकता है।

अध्याय 15

सोशल मीडिया एवं जनसम्पर्क

पिछले एक दशक में हुई डिजिटल क्रान्ति ने प्रत्येक क्षेत्र में क्रान्तिकारी परिवर्तन किये हैं। उपग्रह प्रसारण तकनीकी, ऑप्टीकल फाइबर और डाटा प्रोसेसिंग के डिजिटलीकरण के बाद प्रत्येक कार्यक्षेत्र पहले की तुलना में अधिक आसान और कम खर्चीला हुआ है तथा कार्य की गति भी तेज हुई है। सूचना को एक स्थान से अपने लक्षित समूह तक पहुँचाना भी बहुत आसान हो गया है। नब्बे का दशक भारत में कम्प्यूटर क्रान्ति का दशक माना जाता है। इस दशक में कम्प्यूटर प्रशिक्षण तेजी से बढ़ा और प्रत्येक कार्यक्षेत्र में कम्प्यूटर का उपयोग अनिवार्य हो गया। इण्टरनेट के आगमन के बाद सारा परिदृश्य बदल गया। आज प्रत्येक क्षेत्र में इण्टरनेट आधारित सूचना प्रौद्योगिकी के माध्यम से कार्य को अधिक प्रभावी ढंग से सम्पन्न किया जा सकता है। इण्टरनेट ने जनसम्पर्क के कार्यक्षेत्र को भी प्रभावित किया है। यह प्रभाव इतना सकारात्मक है कि जनसम्पर्क प्रोफेशन पहले की तुलना में अधिक सकारात्मक प्रभाव समाज एवं उद्योग जगत् पर छोड़ पा रहा है।

जनसम्पर्क में इण्टरनेट का उपयोग सभी कार्यों के लिए किया जा रहा है। आज छवि निर्माण में, मीडिया सम्बन्ध स्थापित करने में, प्रचार-प्रसार के लिए, सामाजिक सम्बन्धों की मजबूती के लिए तथा अपने लक्षित जनसमूह को सम्प्रेषित करने के लिए इण्टरनेट आधारित मीडिया का प्रभावी उपयोग किया जा रहा है। पहले प्रत्येक संस्थान अपने लक्षित जनसमूह को सम्प्रेषित करने के लिए गृह पत्रिका प्रकाशित करते थे। गृह पत्रिकाओं के प्रसार का दायरा सीमित था। आज ई-गृह पत्रिकाओं के चलन ने गृह पत्रिकाओं के प्रसार के दायरे को असीमित किया है, साथ ही लक्षित जनसमूह का विस्तार भी हुआ है। वेब विज्ञापनों के माध्यम से अपने उत्पाद अथवा सूचनाओं को वैश्विक स्तर पर पहुँचा पाना सम्भव हुआ है। प्रेस विज्ञप्ति एवं प्रेस सामग्री का वितरण भी इण्टरनेट ने आसान बनाया है, साथ ही प्रत्येक मीडिया के लिए पृथक् प्रेस विज्ञप्ति बनाकर वितरित करने की व्यवस्था भी सुलभ हुई है। प्रत्येक विज्ञप्ति के साथ एक पृथक् फोटो भी भेज पाना आज सम्भव हो गया है। ई-मेल

के माध्यम से पत्रकारों एवं मीडियाकर्मियों से सतत सम्पर्क बनाये रखना भी सम्भव हुआ है। इस तरह इण्टरनेट ने जनसम्पर्क के कार्य को कम खर्चीला और आसान तो बनाया ही है, साथ ही कार्य की सफलता की गारण्टी भी सुनिश्चित हुई है।

जनसम्पर्क कार्य में एक बड़ा परिवर्तन सोशल मीडिया ने ही किया है। आज फेसबुक, ऑरकुट, ट्विटर और लिंक्डइन जैसी सोशल नेटवर्किंग साइट्स ने जनसम्पर्क के दायरे को असीमित किया है। जनसम्पर्क को एक द्विचरणीय प्रक्रिया माना जाता है। सोशल नेटवर्किंग साइट्स ने जनसम्पर्क की द्विचरणीय प्रक्रिया को वास्तविक रूप से साकार किया है। आज किसी विषय के सम्बन्ध में अपने विचार लोगों तक पहुँचाने, लोगों के विचार जानने तथा जनमत निर्माण करने में सोशल नेटवर्किंग साइट्स महत्त्वपूर्ण भूमिका अदा कर रही है। सोशल मीडिया विशेषज्ञों का मानना है कि सोशल नेटवर्किंग साइट्स का मुख्य उद्देश्य नेटवर्किंग या अपना दायरा बढ़ाना है। फेसबुक और ट्विटर जैसी साइट्स जहाँ अपने निजी दायरे को बढ़ाने का काम करती है। वहीं लिंक्डइन एवं यूट्यूब आपको प्रोफेशनल मंच प्रदान करते हैं। यहाँ आप लगातार अपने दायरे को बढ़ा सकते हैं और अपने लक्षित जनसमूह के साथ-साथ अपने ही पेशे से जुड़े लोगों से ही सीधे सम्पर्क कर सकते हैं। जनसम्पर्क का उद्देश्य भी अपने सामाजिक दायरे के विस्तार के साथ-साथ लक्षित जनसमूह से सतत सम्पर्क करना है और सोशल नेटवर्किंग साइट्स आपके इस उद्देश्य की पूर्ति में सहायक हो सकते हैं। इनके माध्यम से जनसम्पर्क कार्यों को सम्पन्न करने का सबसे बड़ा फायदा यह है कि इसमें समय की बचत तो होती ही है साथ-ही-साथ न्यूनतम व्यय के साथ आप अपने लक्षित जनसमूह को प्रभावित करते हैं। आज पश्चिमी देशों के जनसम्पर्क विशेषज्ञों ने सोशल मीडिया का उपयोग खुद को ब्राण्ड के रूप में स्थापित किया है।

फेसबुक आज एक ऐसा सोशल नेटवर्किंग मीडिया है जिसका इस्तेमाल 90 करोड़ से अधिक लोग कर रहे हैं। एक युवा वर्ग के बीच तो खासा लोकप्रिय है। यदि सही रणनीति से काम किया जाये तो जनसम्पर्ककर्मी थोड़े ही प्रयासों से अपनी वस्तुगत सेवा को बड़े वर्ग तक पहुँचाकर उसकी विशेष पहचान स्थापित कर सकता है। यहाँ आप खुद के पेज के साथ-साथ अपनी कम्पनी का पेज भी बना सकते हैं। ट्विटर सोशल नेटवर्किंग मीडिया के माध्यम से प्रख्यात हस्तियाँ अपनी बात कहती हैं। अतः समाज के विभिन्न वर्गों के बीच यह खासा लोकप्रिय हैं। जनसम्पर्क के क्षेत्र में कार्य करनेवाले लोग भी ट्विटर पर अपना एकाउण्ट तैयार कर अपनी बात लोगों तक पहुँचा सकते हैं और उसके सम्बन्ध में लोगों की राय जान सकते हैं। फेसबुक और ट्विटर की तरह ऑरकुट भी युवाओं के बीच लोकप्रिय रहा है।

लिंक्डइन खासतौर पर प्रोफेशनल के लिए बनाया गया सोशल मीडिया प्लेटफार्म है। आज दुनिया के 200 देशों के 175 मिलियन लोग इसका इस्तेमाल करते हैं। मुख्य रूप से यहाँ दोस्तों, पेशेवर लोगों और कम्पनियों के साथ सम्पर्क किया जाता है पर जनसम्पर्क के क्षेत्र में कार्य करनेवाले लोग अपनी कम्पनी या संस्थान से जुड़ी हुई सूचनाओं को इस मीडिया के माध्यम से अपने लक्षित समूह तक पहुँचा सकते हैं।

फेसबुक, ट्विटर और लिंक्डइन जैसी सोशल नेटवर्किंग साइट्स के अतिरिक्त गूगल प्लस, यूट्यूब, स्लाईड शेयर तथा डिग जैसी सोशल नेटवर्किंग साईट्स का उपयोग भी जनसम्पर्क कार्यों के लिए किया जा सकता है। इसके अतिरिक्त आज जनसम्पर्क के क्षेत्र में कार्य करनेवाले लोग मिलकर भी अपनी पृथक् सोशल नेटवर्किंग साइट्स का निर्माण कर सकते हैं। इसके लिए इण्टरनेशनल पब्लिक रिलेशन्स एसोसिएशन, पब्लिक रिलेशन्स सोसाइटी ऑफ इण्डिया, पब्लिक रिलेशन्स काउन्सिल ऑफ इण्डिया, पब्लिक सेक्टर पब्लिक रिलेशन्स फोरम तथा पब्लिक रिलेशन्स प्रैक्टिशनर्स एसोसिएशन ऑफ इण्डिया जैसी संस्थाओं को आगे आना चाहिए। इस तरह के प्रयासों से जनसम्पर्क के क्षेत्र में कार्य करनेवाले लोगों का अलग सोशल मीडिया प्लेटफार्म तैयार होगा। इन प्रोफेशनल संस्थाओं के अतिरिक्त विभिन्न संगठनों में कार्यरत जनसम्पर्क विभाग भी सोशल नेटवर्किंग साइट्स का प्रयास कर सकते हैं।

सोशल मीडिया साइट के अतिरिक्त ब्लॉग के माध्यम से भी अपने विचारों, सूचनाओं तथा जानकारियों को लक्षित जनसमूह तक पहुँचाया जा सकता है। यूट्यूब भी आवश्यक जानकारियों के आदान-प्रदान का एक महत्त्वपूर्ण माध्यम बना है। इस तरह से हम देखते हैं कि सोशल मीडिया जनसम्पर्क कार्य को आसान और कम खर्चीला बनाकर अधिक प्रभावी बनाया है। आने वाला समय पूर्णतः सोशल मीडिया और न्यू मीडिया आधारित जनसम्पर्क कार्यशैली का होगा। अतः भविष्य में जनसम्पर्क के क्षेत्र में कार्य करनेवाले प्रत्येक व्यक्ति को इस क्षेत्र का कौशल हासिल करना होगा।

अध्याय 16

जन-जन का मीडिया

देश के एक प्रतिष्ठित और लोकप्रिय अखबार की प्रसार संख्या एक बार अचानक कम होने लगी एक स्थिति ऐसी आयी जब प्रतिद्वन्द्वी अखबार के आगे बढ़ने के आसार नजर आने लगे। वे अखबार जो इससे पहले इतने लोकप्रिय नहीं थे आगे बढ़ने लगे। जब इस प्रतिष्ठित अखबार के लगभग 25 वर्ष पुराने विशेष संवाददाता से यह कहा गया कि वे पता करें कि प्रसार को बढ़ाने या उसकी गिरावट को थामने के लिए क्या उपाय किये जा सकते हैं तो उन्होंने स्पष्ट कह दिया कि यह उनका काम नहीं है। वे केवल खबरों का संचय करना और लिखना जानते हैं। कुछ दिनों बाद अखबार का नंबर पहले से दूसरे और फिर तीसरे पर आ गया। प्रसार के साथ प्रतिष्ठा भी गिरने लगी। जाहिर था कि संवाददाता महोदय यह जानने या मानने से इन्कार कर रहे थे कि उनके अखबार का अस्तित्व सिर्फ-और-सिर्फ लोगों के कारण है। अखबार जनता का होता है क्योंकि यह एक पुल का काम करता है जनता और उन सत्तासीन लोगों के बीच जिनकी नीतियाँ और कार्यक्रम साभान्य जनों को प्रभावित करती हैं दूसरे यह जनता द्वारा चलाया जाता है यानी जनता द्वारा पोषित और संचालित होता है। और तीसरे यह जनता के लिए होता है यानी जब तक जनता का प्रश्रय है तब तक अखबार है, वरना इसे गायब होने में देर नहीं लगेगी। अब विशेष संवाददाता महोदय की राय इस बारे में जो भी हो।

कैसे होता है यह?

लेखन, रेडियो प्रसारण और टेलीविजन चैनलों के प्रसारण के जरिये जनसामान्य के मन पर नियन्त्रण करके यह किया जा सकता है। जाहिर है मीडिया के कामकाज पर राज्य तथा जनता के जीवन का बहुत-कुछ दाँव पर लगा हुआ है। इसी कारण जनसम्पर्ककर्मियों के लिए मीडिया में अनेक अवसर भी बनते हैं। अपने संगठनों की छवि बनाने के लिए इन अवसरों का पूरा फायदा उठाना चाहिए। अब मीडिया का उत्तरदायित्व भी काफी बढ़ गया है। मौजूदा परियोजनाओं, कार्यक्रमों, योजनाओं

आदि को चलाने के साथ-साथ सरकार नयी योजनाएँ भी प्रारम्भ कर रही है। परन्तु इसके कुछ धूमिल पहलू भी हैं। दुर्भाग्य से इन सभी कार्यक्रमों का पूरा लाभ निश्चित अनुपात में लक्षित जनता तक नहीं पहुँच पाता है।

अनुकरणीय भूमिका

मीडिया ने देश भर में हजारों अपराधों को उजागर करने, भ्रष्टाचार का पता लगाने और अवैध सम्पत्ति को उजागर करने में पिछले 4-5 सालों में अनुकरणीय भूमिका निभायी है। भारत जैसे लोकतान्त्रिक देश में मीडिया सार्वजनिक जवाबदेही के एक महत्त्वपूर्ण साधन के रूप में उभरा है। जैसे -जैसे हम प्रशासन की गतिविधियों में विकास और विस्तार करते हैं केन्द्र, राज्य और स्थानीय स्तर सत्तासीन व्यक्ति या शक्तियाँ सार्वजनिक धन या सम्पत्ति को निजी हितों के लिये उपयोग में लाने का लोभ नहीं रोक पाते। इससे भ्रष्टाचार और कुशासन फैलता है। यहाँ पर मीडिया की भूमिका एक ऐसे साधन के रुप में महत्त्वपूर्ण होती है जो जनता को अपने अधिकारों के बारे में चेताये और साथ ही प्रशासन में भ्रष्टाचार, कुशासन और अकुशलता को उजागर करें। इसका एक सबसे अच्छा उदाहरण रहा है अन्ना हजारे का 288 घण्टे का उपवास जिसने लगभग सारे केन्द्रीय प्रशासकीय तन्त्र को घुटनों के बल ला खड़ा किया था। सरकार को मजबूर होकर अल्प सूचना पर एक दिन का विशेष संसदीय सत्र बुलाकर सर्वत्र व्याप्त भ्रष्टाचार पर अफसोस जाहिर करना पड़ा और एक विस्तृत प्रस्ताव के जरिये लोकपाल बिल को पारित करना पड़ा।

जनता की भागीदारी

प्रिण्ट इलेक्ट्रॉनिक, इलेक्ट्रॉनिक मीडिया तथा वेब मोबाइल फोन आदि ने अन्ना हजारे के उपवास को शुरू होने से पहले से लेकर समाप्त होने के बाद तक अत्यन्त व्यापक कवरेज देकर ऐतिहासिक भूमिका अदा की। लोगों की इस आन्दोलन में भागीदारी का चौबीसों घण्टे का कवरेज मीडिया में छाया रहा जिसके कारण सभी चकित थे। रातों की नींद खोकर सरकार को काम करना पड़ा। आकाशवाणी ने, जो शुरुआत के एक-दो दिन सरकार का पक्षधर बना हुआ था,अन्ना-आन्दोलन को अनदेखा कर दिया। परन्तु लोगों की निंदा के बाद अपना रुख बदला और आन्दोलन की खबरों को प्रमुखता देना शुरू किया। इलेक्ट्रॉनिक मीडिया ने विशेष रूप से सार्वजनिक जवाबदारी को एक नया आयाम दिया। इसीलिए पिछले 1-2 दशकों में इलेक्ट्रॉनिक मीडिया ने विषयों पर ज्वलंत विषयों पर सार्वजनिक बहस की शुरुआत की है। जिससे लोगों में जमीनी हकीकत के बारे में जागरूकता बढ़ी है। सरकार ने भी राष्ट्रीय महत्त्व के मुद्दों पर जैसे आतंकवाद काले धन का संकट, मूल्य वृद्धि और

अपराध से निबटने के लिए प्रयास बढ़ा दिये हैं।

टेलीविजन देखना अब महत्त्वपूर्ण सूचनाओं और उनकी पृष्ठभूमि को जानने का एक बेहतरीन और तेज साधन बन गया है। सबसे महत्त्वपूर्ण बात यह है कि किसी भी मुद्दे के प्रकाश में आते ही यह बहस शुरू हो जाती है। चैनल्स अक्सर किसी भी घटना या मुद्दे को लेकर सरकारी या निजी स्रोतों से दस्तावेजी सबूत प्राप्त कर दर्शकों की दिलचस्पी और बहस में सन्लिप्तता से जानकारी को सहज बना देते हैं। छोटे और बड़े अखबार भी इसी तरह से पाठकों को बांधे रखने का प्रयास करते हैं, किन्तु समय, स्थान तथा पहुँच को लेकर उनकी अपनी सीमाएँ हैं। मीडिया द्वारा स्पेक्ट्रम घोटाले और व्यवसायियों की कारगुजारियों के तथा सरकारी अफसरों के भ्रष्टाचार के खुलासों को हम सार्वजनिक जवाबदेही के प्रभावशाली साधन के नमूने के तौर पर देख सकते हैं। टेलीविजन की सार्वजनिक चर्चाओं के जरिये घोटालों पर मीडिया के खुलासों पर जनता की प्रतिक्रियाएँ सत्तासीन लोगों तक पहुँच जाती हैं।

उच्च न्यायालय के एक जज को इसी तरह के खुलासे के चलते संसद के समक्ष पेश होने को कहा गया था। यह बात और है कि उन्होंने इस निरादर से बचने के लिए अपने पद से त्यागपत्र देना उचित समझा। यहाँ सूचना के अधिकार का जिक्र करना उपयुक्त होगा। इस ऐतिहासिक अधिनियम के कारण अधिकारियों की जनता के प्रति जवाबदेही बढ़ी है। इस अधिनियम के तहत कोई भी नागरिक किसी संगठन या संस्था संस्थान या विभाग जैसे विश्वविद्यालय, सार्वजनिक उपक्रम आदि के क्रियाकलापों के बारे में जानकारी प्राप्त कर सकता है। इसके लिए वरिष्ठ अधिकारी सार्वजनिक सूचना अधिकारियों के तौर पर नियुक्त किये गये हैं, जो माँगी हुई जानकारी संकलित कर लोगों तक पहुँचाने के लिए उत्तरदायी हैं। कुछ जानकारियाँ मीडिया विस्तारपूर्वक विश्लेषण के साथ प्रकाशित कर देता है। हाँ गढ़े हुए या प्रायोजित या पेड न्यूज जैसे अपवादों को छोड़ दें तो इससे लोगों का लेखन तथा प्रसारण के प्रति विश्वास बढ़ा है।

अधिकारी अब मीडिया के साथ मनमानी नहीं कर सकते। राजनेता, अधिकारी आदि भी इस बात को स्वीकार करते हैं कि मीडिया ही सरकार या अन्य क्षेत्रों में होनेवाली कुछ घटनाओं के बारे में उनकी जानकारी का स्रोत होता है। इसे हम मीडिया के प्रभाव का एक प्रमाण मान सकते हैं। मीडिया की उपरोक्त भूमिका के चलते यह जरूरी है कि जनसम्पर्क कर्मी अपने संस्थानों की उपलब्धियों एवं कार्यक्रमों या समस्याओं की विस्तृत जानकारी मीडिया को प्रदान करें जिससे प्रिण्ट और इलेक्ट्रॉनिक मीडिया में उनकी क्षमता बढ़ेगी दृश्यता बढ़ेगी।

अध्याय 17

विज्ञापनों में सृजनशीलता

विज्ञापन के स्वरूप और गति का आर्थिक और औद्योगिक गतिविधि के स्वरूप और गति के साथ सीधा सम्बन्ध है। अगर आर्थिक और औद्योगिक गतिविधि व्यापक है, तो तेज और जीवन्त विज्ञापन को भी इसकी गति से मेल बनाये रखना होगा। दूसरी तरफ यदि गतिविधि सुस्त होती है तो विज्ञापन भी सुस्त होगा।

विज्ञापन केवल उत्पादों और सेवाओं तक ही सीमित नहीं हैं। इनमें नेताओं को भी शामिल किया गया है। उदाहरण की तौर पर ब्रिटेन और अमेरिका में नेताओं को विज्ञापन अभियानों के माध्यम से उत्पादों की तरह बेचा जाता है। मार्गरेट थैचर की जीत का श्रेय काफी हद तक एक विज्ञापन एजेन्सी को जाता है। भारत में भी कांग्रेस पार्टी ने आम चुनावों के लिए अपना अभियान एक विज्ञापन एजेन्सी को सौंपा था, जिसमें राजीव गाँधी की अध्यक्षता में पार्टी जीती थी।

पिछले दो दशकों में हमारे देश में आर्थिक और औद्योगिक गतिविधियाँ तेज हुई हैं। पिछले 3 वर्षों में विशेष रूप से इस गतिविधि की प्रकृति और गति सबसे तेज रही है।

यह अर्थव्यवस्था को नौकरशाही के प्रक्रियात्मक बन्धनों से मुक्त करने की सरकार की नीतियों के कारण सम्भव हुआ है। एक शब्द में कहा जाये तो राष्ट्रीय अर्थव्यवस्था जीवंत हो उठी है।

अब हम फिर लौटते हैं वर्तमान आर्थिक और औद्योगिक गतिविधि से मेल खाते विज्ञापन के स्वरूप और गति के सवाल पर। इस गतिविधि के कारक रहे है– (1) देश के भीतर और बाहर बनी प्रबल प्रतिस्पर्द्धा (2) राष्ट्रीय और अन्तरराष्ट्रीय व्यापारिक घरानों के लिए घरेलू बाजार का खुलना और (3) माल और सेवाओं के खरीदारों के लिए बने व्यापक विकल्प।

बदलते समय में विज्ञापन के क्षेत्र में कार्यरत लोगों के लिए नयी चुनौतियाँ उत्पन्न हुई हैं। इनमें जनसम्पर्क, सृजनात्मक कार्य में रत अन्य कर्मियों और

व्यापारिक घरानों और उद्योगों के विज्ञापनकर्मियों और प्रिण्ट और इलेक्ट्रॉनिक मीडिया के अन्य लोग शामिल हैं। विज्ञापन क्षेत्र बदलाव के दौर में है और यह नवीनता, रचनात्मकता और मौलिकता पर फलता-फूलता है, इन सबके साथ उपयोग के समय और माध्यम की पहुच का सही तालमेल बैठ जाये तो विज्ञापन की स्वीकार्यता बढ़ जाती है जबकि औसत दर्जे के नियमित विज्ञापन पर किसी का ध्यान नहीं जाता। रचनात्मकता मौलिक विचारों द्वारा सृजन की क्षमता है जो तात्कालिक ही नहीं बल्कि स्थायी आकर्षण पैदा करे। अमरीका के क्रियेटिव एजुकेशन फाउण्डेशन ने रचनात्मकता को एक ऐसे गुण के रूप में परिभाषित किया है जो आमतौर पर व्यक्तियों को नूतन कल्पनाओं द्वारा समस्याओं के नये और बेहतर समाधान प्राप्त करने के लिए सक्षम बनाता है। यहाँ बीज शब्द है नूतन जिसे विज्ञापन की जबान में नये या मौलिक के रूप में वर्णित किया गया है। नूतनता एक तरह का निराला दृष्टिकोण है जो आपकी कल्पना को रचनात्मक बनाता है।

विज्ञापन एक बहुत ही गम्भीर व्यवसाय है जिसमें बहुत सोचने, विमर्श करने, योजना बनाने जिससे विज्ञापनों में दिलचस्पी और विज्ञापित उत्पादों या सेवा के उपयोग की प्रेरणा होती हैं। यह सब अच्छी तरह से सोची और संगठित गतिविधि तौर पर होना चाहिए, जिससे अच्छे और स्थायी परिणाम मिलें। इसके लिए निम्नलिखित बातों का दृढ़ और निरन्तर समर्थन होना चाहिए।

सूचना बैंक

इसके लिए पहले कदम की तौर पर विषयों और उप-विषयों को कवर करनेवाली एक इण्डेक्स शीट तैयार करना चाहिए। इसके तहत संगठन और उत्पादों की सेवाओं के बारे में जानकारी संकलित की जानी चाहिए। ऐसी सूचना समय-समय पर संशोधित और अद्यतन करने के साथ हो सकती है। इस जानकारी को बहुत व्यापक होना चाहिए और इसमे उत्पाद और सिस्टम के सभी सकरात्मक बिन्दुओं को शामिल होना चाहिए। जब कोई महत्त्वपूर्ण परिवर्तन होता है, उदाहरण के लिए उत्पाद और सिस्टम का निरन्तर बेहतर प्रदर्शन हो रहा हो तो उसे उपयुक्त शीर्षक के तहत शामिल किया जाना चाहिए। इसके लिए एक सुव्यवस्थित प्रबन्ध होना चाहिए. जिससे केवल याददाश्त पर निर्भरता खत्म हो।

सूचना बैंक को प्रतिद्वन्द्वी कम्पनी या कम्पनियों के बारे में इसी तरह की जानकारी भी शामिल करनी चाहिए ताकि विज्ञापन कॉपी या लेआउट तैयार करते समय इसे ध्यान में रखा जा सके। यह सावधानी रखना आवश्यक है अन्य कम्पनी के नाम से अन्य कम्पनी के उत्पादों के साथ हमारे कम्पनी के उत्पादों की तुलना करना नीतिपरक नहीं है। इससे प्रतिकार हो सकता है और यह दोनों कम्पनियों के

लिए हानिकारक साबित हो सकता है। साथ ही यह महत्त्वपूर्ण है कि विज्ञापन स्पष्ट रूप से किसी विशेष उत्पाद या सिस्टम के मजबूत पक्ष को स्पष्ट रूप से उभारकर सामने लाए, ताकि सम्भावित उपयोगकर्त्ता पर सकारात्मक प्रभाव पड़ सके। विज्ञापन केवल विपणन या विक्रय कार्यक्रमों का सहारा है उनका विकल्प नहीं।

संकलन पुस्तिका या स्क्रैपबुक

जनसम्पर्क विभागों और विज्ञापन एजेन्सियों को अपनी कम्पनी जैसी या मिलते-जुलते कारोबार में लगी कम्पनियों के विज्ञापनों की स्क्रैपबुक बनाये रखना चाहिए। यह जानना जरूरी है कि प्रतियोगी कम्पनी के विज्ञापन में क्या जानकारी शामिल है। विज्ञापन लेआउट में और कॉपी को कम्पनी के उत्पादों और सेवाओं के बारे में तकनीकी और अन्य जानकारी के पूर्ण ज्ञान के साथ तैयार किया जाना चाहिए। अखबारों और पत्रिकाओं की बारीक जाँच करके सामग्री, लेआउट और समग्र प्रभाव की दृष्टि से उत्कृष्ट विज्ञापनों को चुन कर संकलित किया जाना चाहिए। साथ में इलेक्ट्रॉनिक मीडिया में विज्ञापन, विशेष रूप से टीवी के विज्ञापनों का नियमित अध्ययन कर नोट्स लिये जाने चाहिए।

अध्याय 18

शैक्षणिक संस्थानों के लिए जनसम्पर्क

आम भाषा में जनसम्पर्क किसी संगठन और अन्य जनों के बीच एक दोतरफा संचार है जिसका उद्देश्य किसी संगठन की परिवर्तन के साधन के रूप में भूमिका के बारे में विभिन्न जनों के बीच आपसी समझ और जागरूकता का वातावरण बनाना है। अब प्रश्न यह उठता है इस सब की आवश्यकता क्या है? तो जवाब है—इन दोनों की अन्तर-निर्भरता जो एक अनंत तथ्य है। कोई भी व्यक्ति या संगठन चाहे वह कितना ही बड़ा या मजबूत क्यों ना हो अन्य जनों के प्रत्यक्ष या अप्रत्यक्ष समर्थन के बिना संचालित नहीं हो सकता। एक कॉर्पोरेट इकाई को अपना अस्तित्व बनाये रखने के लिए सार्वजनिक समर्थन अत्यन्त आवश्यक है। शैक्षणिक संस्थान समाज का महत्त्वपूर्ण अंग होते हैं। इनमें विश्वविद्यालय, उच्च शिक्षा संस्थान, महाविद्यालय तथा शोध निकाय आदि शामिल हैं।

समग्र रूप से देखें तो हमारे शैक्षणिक संस्थानों की छवि सन्तोषजनक तो नहीं कही जा सकती। इसके लिए अनुशासनहीनता, दिशाहीनता, गिरते मानक और अत्यधिक राजनीतिकरण प्रमुख रूप से जिम्मेदार हैं। बनारस हिन्दू विश्वविद्यालय दिल्ली या कोलकाता विश्वविद्यालय की जो छवि 25 से 30 वर्ष पूर्व हुआ करती थी अब कहाँ देखने को मिलती है? यह कहना गलत होगा कि अकादमिक संस्थानों में सब-कुछ बिगड़ गया है। कुछ ऐसे क्षेत्र हैं जिनमें हाल के वर्षों में उल्लेखनीय कार्य किया गया है, या अभी किया जा रहा है। परन्तु इनके सकारात्मक योगदान का यथोचित प्रचार नहीं हो पाता है। जरा इन संस्थानों के जनसम्पर्क के ढाँचें पर गौर करें। सबसे पहले नजर डालें विश्वविद्यालय अनुदान आयोग पर जो सारे उच्च शिक्षण संस्थानों की शीर्ष संस्था है। यहाँ एक प्रधान सूचना अधिकारी होता है। परन्तु उसके साथ कोई अन्य कर्मचारी नहीं है। अब विश्वविद्यालय अनुदान आयोग जैसी व्यापक कार्यक्षेत्रवाली संस्था का सम्पूर्ण जनसम्पर्क का कार्य अकेले एक व्यक्ति कैसे सम्पन्न कर सकता है?

अधोगत एवं विश्वविद्यालयों में जनसम्पर्क की वर्तमान स्थिति

कुछ वर्षों पहले आयोग ने सूचना तथा जनसम्पर्क के कामों के लिये विभिन्न विश्वविद्यालयों से जुड़े कुछ व्यक्तियों की समिति बनायी थी। सामान्य रूप से इस समिति को तीन माह में एक बार बैठक करनी चाहिए थी। परन्तु यह बैठक बमुश्किल एक वर्ष में एक बार हो पाती थी। फिर इस बैठक में पारित प्रस्तावों या अनुशंसाओं पर कोई अनुवर्ती कार्यवाही भी नहीं हो पाती थी।

विश्वविद्यालयों में भी स्थिति से बेहतर नहीं है। कुछ विश्वविद्यालयों ने जनसम्पर्क अधिकारी नियुक्त किये हुए हैं, परन्तु इनका कार्य मूल रूप से आतिथ्य और शिष्टाचार सम्बन्धी औपचारिकताओं को निभाना ही होता है, या फिर वे अपने कुलपतियों की छवि चमकाने में या विभिन्न स्थानों पर उनके काम साधने में लगे होते हैं। अनेक विश्वविद्यालयों ने जनसम्पर्क अधिकारियों को बाहरी लोगों से मेलजोल बढ़ाकर संस्थाओं के उल्टे सीधे काम करवाना या आने जानेवाले विशिष्ट व्यक्तियों के यात्रा प्रबन्धन और टिकट आदि की व्यवस्था करना होता है। इस तरह के काम कभी-कभी अध्यापकों को भी सौंप दिये जाते हैं। स्वाभाविक है कि जनसम्पर्क की कमी की वजह से मीडिया से प्रभावी मेलजोल का क्रम नहीं बन पाता। फिर मीडिया भी तो शिक्षा संस्थाओं की घटनाओं के बारे में मसालेदार खबरों की तलाश में रहता है। विद्यालय में अनुशासनहीनता, घेराव, विरोध प्रदर्शन के बारे में ही अधिकांश खबरें सुर्खियो की तौर पर प्रसारित होती हैं।

अब जरा विदेशी विश्वविद्यालयों में जनसम्पर्क की स्थिति पर नजर डालें। इसका एक महत्त्वपूर्ण उदाहरण एक अमेरिकी कॉलेज द्वारा जारी किये गये विज्ञापन में देखने को मिलता है। क्लॅरेमॉन्ट मॅकेना कॉलेज ने अपने यहाँ मीडिया से संचार और सम्पर्क के लिए संचालक पद के लिए एक विज्ञापन अखबारों में जारी किया। अभ्यर्थी को कॉलेज के जनसम्पर्क सम्बन्धी सभी कार्यों, जैसे सार्वजनिक सूचना प्रकाशन, समाचार मीडिया से संवाद स्थापित करना और कॉलेज उसके घटकों के बारे में संवाद-पत्र, समाचार सम्बन्धी निवेदनों पर प्रतिसाद, बुलेटिन, चित्र आदि जारी करना और सार्वजनिक कार्यक्रम, सम्बोधन आदि आयोजित कर बाह्य जनों के बीच कॉलेज की छवि निर्माण करने की जिम्मेदारी निभाना था। क्लॅरमॉण्ट मॅकेना कॉलेज अमेरिका की सबसे प्राचीन संस्थाओं में से एक है। यह देखकर आश्चर्य होता है संयुक्त राज्य अमेरिका में एक कॉलेज में अधिकारी नियुक्त करने की बात होती है, जबकि हमारे विश्वविद्यालयों में एक कनिष्ठ जनसम्पर्क अधिकारी भी नहीं होता।

उचित होगा कि विश्वविद्यालय अनुदान आयोग, विश्वविद्यालयों और महाविद्यालयों के प्राचार्य संस्थानों के लिए जनसम्पर्क के महत्त्व को समझते हुए स्थिति को शीघ्र

सुधारने का प्रयास करें। सच तो यह है कि कुलपति विश्वविद्यालय का प्रथम प्रवक्ता होता है और उसी की ओर से संस्था की नीति-सम्बन्धी निर्देश और दिशा का निर्धारण होता है। वही नीतियाँ निर्धारित करता है और वही उनके अमल के लिए जिम्मेदार होता है। इस कार्यान्वयन का आम जनों के बीच उचित प्रचार-प्रसार होना चाहिए।

मोटे तौर पर विश्वविद्यालय में जनसम्पर्क की गतिविधियों में निम्न बातें शामिल होना चाहिए--

1. प्रिण्ट और इलेक्ट्रॉनिक मीडिया के साथ सूचना प्रसारण के लिए निरन्तर सम्पर्क।

2. संकाय तथा कर्मचारियों के साथ आन्तरिक जनसम्पर्क के माध्यम से संचार के लिए विषयों की पहचान करना।

3. विश्वविद्यालय में होने वाली घटनाओं और विभिन्न मानकों में सुधार के लिए और परियोजनाओं के बारे में हो रहे हो अनुसन्धानों के बारे में प्रेस विज्ञप्ति जारी करना।

4. विश्वविद्यालय के अध्यापकों, विभिन्न संकायों तथा अन्य कर्मचारी वर्ग के साथ परामर्श के साथ सेमिनार और रिफ्रेशर कोर्स आयोजित करना।

5. विभिन्न प्रकाशनों, पत्र पत्रिकाओं, फोल्डर्स और ब्रोशर्स को जारी करना जारी करना।

6. पूर्व छात्रों से सम्पर्क करना।

7. सरकार, मानव संसाधन विभाग, शिक्षा विभाग तथा अन्य विश्वविद्यालयों से सम्पर्क करना।

8. संकायों को उनके कार्यक्रमों के आयोजन में मदद करना और उन कार्यक्रमों के प्रचार की व्यवस्था करना।

ऐसे में यह आवश्यक है कि विश्वविद्यालयों में मीडिया सम्पर्क और जनसंचार का कार्य केवल जनसम्पर्क के पेशेवर व्यक्तियों के हाथों में ही सौंपा जाये। हमारे यहाँ पत्रकारिता, जनसंचार और जनसम्पर्क से सम्बन्धित अनेक पाठ्यक्रम उपलब्ध हैं। यहाँ से निकलनेवाले मेधावी छात्रों को विश्वविद्यालयों में जनसम्पर्क कार्य के लिए नियुक्त किया जाना चाहिए। प्रत्येक विश्वविद्यालय में एक पूर्णतया विकसित विभाग के साथ ही योग्य पेशेवर रूप से प्रशिक्षित और अनुभवी जनसम्पर्क अधिकारी होना चाहिए, जिसकी सहायता के लिए उपयुक्त रूप से शिक्षित सहयोगी जन नियुक्त हों।

जनसम्पर्क विभाग की स्थापना के अलावा विश्वविद्यालयों के लिए बेहतर होगा कि उस विभाग के कर्मचारियों को पूर्ण समर्थन और उचित निर्देशन मिलता रहे

ताकि वह अपना काम ठीक प्रकार से कर सके। जनसम्पर्क कर्मचारियों को विशेष रूप से निम्न सुविधाएँ प्रदान की जानी चाहिए-

1. उन्हें विश्वविद्यालय के कुलपति तथा अन्य वरिष्ठ विभाग प्रमुखों की उच्च-स्तरीय बैठक में आमन्त्रित किया जाना चाहिए ताकि वे निर्णयों के कारणों तथा सम्भावित परिणामों के बारे में जाने।

2. जनसम्पर्ककर्मियों को नीति निर्धारण सम्बन्धी फैसलों तथा सूचनाओं की जानकारी होनी चाहिए।

3. उन्हें ऑडियो-विजुअल उपकरण, इण्टरनेट, कम्प्यूटर और अन्य अद्यतन उपकरण प्रदान किये जायें जो उनके काम को सुगम बनायें।

4. उनकी संकाय प्रमुखों से नियमित बैठक होती रहनी चाहिए जिससे वे विश्वविद्यालय की उपलब्धियों तथा भविष्य की योजनाओं के बारे में जानकारी प्राप्त करते रहें।

5. उन्हें अधिकारिक कार्यों पर खर्च करने के लिए वित्तीय स्वतन्त्रता हो।

जनसम्पर्क विभाग की स्थापना उपकरणों तथा सुविधाओं का प्रावधान और उच्च अधिकारियों का समर्थन अपने आप में काफी नहीं है। जनसम्पर्ककर्मियों को भी सृजनात्मक, चुस्त, आक्रामक और व्यावसायिक रूप से सुदृढ़ होना होगा।

अपनी उपयोगिता साबित करने के लिए केवल चुस्त-चतुर दिखना काफी नही है। बल्कि संस्थान की उपलब्धियों को समुचित और नियमित रूप से प्रचारित करना तथा भविष्य की उपलब्धियों के लिए उत्प्रेरक की भूमिका निभाने के साथ-साथ सम्भावित घटनाओं के पूर्वाभास और आवश्यकता पड़ने पर सुधार के लिए सामयिक और उपयुक्त कदम उठाने की क्षमता भी उनमें होनी चाहिए। आखिर उनके काम का मूल्यांकन विश्वविद्यालय की मीडिया में बनी छवि के आधार पर ही किया जा सकता है। इस छवि को सत्य पर आधारित होना होगा, केवल बनावटी बातों पर नहीं। अन्ततः सत्य को ही निखर कर सामने आना है। यह बात जनसम्पर्क क्षेत्र में विशेष रूप से लागू होती है।

अध्याय 19

जनसम्पर्क शिक्षण- विस्तार, सम्भावनाएँ एवं चुनौतियाँ

भारत वर्ष में आजादी के पश्चात् से ही जिस तरह की रोजगार मूलक व्यावसायिक शिक्षा की वकालत की जा रही है, सम्भवत उसे मूर्त रूप भूमण्डलीकरण एवं उदारीकरण के इस दौर में मिला है। देश में जिस तरह आजादी के चार दशकों बाद गैर तकनीकी प्रबन्धकीय प्रकृति के व्यावसायिक रोजगार मूलक शिक्षण पाठ्यक्रमों का सिलसिला प्रारम्भ हुआ था, वह आज भी जारी है और उसमें अनेक नवीन आयाम जुड़ रहे हैं। इन्हीं नवीन आयामों में जनसम्पर्क शामिल है। देश के विभिन्न विश्वविद्यालयों एवं संस्थानों ने जनसम्पर्क शिक्षण प्रशिक्षण पर आधारित पाठ्यक्रम प्रारम्भ किये गये। जनसम्पर्क विधा को तेजी से उभरता ऐसा प्रतिष्ठित एवं चुनौतीपूर्ण क्षेत्र जाना जा रहा है जिसमें रोजगार की अपार सम्भावनाएँ हैं।

देश में आज बहराष्ट्रीय कम्पनियाँ, सार्वजनिक कम्पनियाँ व निजी संस्थाएँ जनसम्पर्क विधा से शिक्षित-प्रशिक्षित व्यक्तियों को ऊँचे ओहदे पर नियुक्त कर रही है। जनसम्पर्क विधा के बढ़ते विस्तार के कारण देश-विदेश में संचालित हो रही जनसम्पर्क गतिविधियों से शासन को भी अच्छा राजस्व मिल रहा है। आज जनसम्पर्क तेजी से उभरता ऐसा प्रोफेशन बन रहा है जिसमें ग्लैमर के साथ-साथ पैसा भी है। रोजगार सम्बन्धी सूचनाएँ देनेवाले विशेषज्ञ मानते हैं कि जनसम्पर्क विधा में शिक्षित प्रतिष्ठित व्यक्ति प्रतिमाह सम्मानजनक वेतन अर्जित कर रहे हैं। बहुराष्ट्रीय कम्पनियाँ शहरों से लेकर गाँवों तक अपने पैर जमाने के लिए जनसम्पर्क का सहारा ले रही है। इसमें व्यापक प्रचार-प्रसार विज्ञापन के साथ-साथ विपणन संचार, इवेण्ट मैनेजमेण्ट आदि को भी शामिल कर लिया गया है। यह माना जा रहा है कि व्यवसाय प्रबन्धन, वित्त प्रबन्धन, सूचना प्रौद्योगिकी के तरह ही जनसम्पर्क भी भारत में सर्वाधिक सम्भावनाओंवाला क्षेत्र होने की क्षमता रखता है।

जनसम्पर्क शिक्षण-विस्तार एवं सम्भावनाएँ

पिछले दो दशकों में जनसम्पर्क शिक्षण-प्रशिक्षण का तीव्र विस्तार हुआ है। विदेशों में तो इसे पहले ही उच्च स्तरीय प्रबन्धन में शामिल किया गया था परन्तु हमारे देश में इसे अब एक नयी पहचान मिल रही है। प्रारम्भ में जनसम्पर्क का सिर्फ व्यवस्थापन, प्रोटोकाल कार्य के रूप में देखा जा रहा था परन्तु आज इसमें छवि निर्माण, आयोजन प्रबन्धन, कार्पोरेट सामाजिक दायित्व भी शामिल हो गया है। देश के विभिन्न विश्वविद्यालयों में जनसम्पर्क शिक्षा पर आधारित स्नातकोत्तर, स्नातक एवं पत्रोपाधि पाठ्यक्रम प्रारम्भ किये है। कुछ विश्वविद्यालयों ने जनसम्पर्क ने शोध उपाधि प्रदान करने की व्यवस्था भी की है। जनसम्पर्क विधा को प्रोत्साहित करनेवाले कुछ संगठनों से देश-भर में जनसम्पर्क शिक्षा प्रोत्साहित करने के लिए ठोस प्रयास प्रारम्भ किये है। इसके लिए वे जनसम्पर्क पर आधारित संगोष्ठी एवं कार्यशालाओं का आयोजन कर रहे हैं। ऐसे संगठनों में पब्लिक रिलेशन्स सोसाइटी ऑफ इण्डिया, पब्लिक सेक्टर पब्लिक रिलेशन्स फोरम, पब्लिक रिलेशन्स प्रैक्टिशनर्स एसोसियेशन ऑफ इण्डिया तथा पब्लिक रिलेशन्स काउन्सिल ऑफ इण्डिया प्रमुख है। ये संगठन जनसम्पर्क शिक्षण को प्रोत्साहित करने के साथ ही इस विधा में शिक्षित विद्यार्थियों के लिए प्रतिष्ठित संस्थाओं में व्यावहारिक प्रशिक्षण की व्यवस्था में भी सहयोग करते है।

जनसम्पर्क शिक्षण को प्रोत्साहित करने के उद्देश्य से एवं उसकी दशा, दिशा एवं भविष्य के मापदण्ड तय करने के उद्देश्य से माखनलाल चतुर्वेदी राष्ट्रीय पत्रकारिता एवं संचार विश्वविद्यालय के विज्ञापन एवं जनसम्पर्क विभाग द्वारा सितम्बर 2015 में भोपाल में 'पब्लिक रिलेशन्स एजूकेशन ऐण्ड प्रोफेशन विजन 2020' विषय पर एकदिवसीय विचार गोष्ठी आयोजित की। इस विचार गोष्ठी में देश भर के प्रतिष्ठित जनसम्पर्ककर्मी शामिल हुए।

इसके पूर्व विश्वविद्यालय द्वारा भोपाल में जनसम्पर्क शिक्षण पर 'ब्रिज-इन्डस्ट्रीज ऐण्ड इन्स्टीट्यूट इण्टरफेस' विषयक विचार गोष्ठी का आयोजन किया गया था। इस आयोजन में प्रतिष्ठित संस्थाओं और बहुराष्ट्रीय कम्पनियों के उच्च जनसम्पर्क प्रबन्धक तथा जनसम्पर्क शिक्षण से जुड़े विद्यार्थी व प्राध्यापक आमने-सामने बैठे। इस विचार गोष्ठी से जनसम्पर्क शिक्षण से जुड़े संस्थाओं को यह ज्ञात हुआ कि उद्योग जगत की जनसम्पर्क आवश्यकताएँ किस प्रकार की हैं? तथा विद्यार्थियों को किस प्रकार उद्योग की आवश्यकताओं के अनुरूप तैयार किया जाना चाहिए? जनसम्पर्क शिक्षण पर हो रहे इस तरह के प्रयासों ने इस क्षेत्र के लिए व्यापक सम्भावनाएँ पैदा की हैं। देश की नामी कैरियर सलाहकार भी आज जनसम्पर्क को

सर्वाधिक सम्भावनाओंवाला क्षेत्र मानकर युवाओं को इस क्षेत्र में आने की सलाह दे रहे है।

जनसम्पर्क शिक्षण की चुनौतियाँ

जनसम्पर्क शिक्षण प्रशिक्षण का जिस तेजी से विस्तार हो रहा है उसी तेजी से अनेक चुनौतियां पैदा हुई हैं। जनसम्पर्क विधा की सबसे बड़ी चुनौती यह है कि इसे अभी तक एक पृथक् विषय के रूप में मान्यता नहीं मिल पा रही है। देश-भर में पत्रकारिता एवं जनसंचार शिक्षण के साथ ही जनसम्पर्क विषय का अध्ययन कराया जाता है। हालाँकि जनसम्पर्क पर आधारित स्नातकोत्तर पाठ्यक्रम विभिन्न संस्थाओं ने प्रारम्भ कर दिये हैं परन्तु विश्वविद्यालय अनुदान आयोग आज भी इसे पत्रकारिता एवं जनसंचार का हिस्सा ही मानता है। जनसम्पर्क अध्ययन के सम्बन्ध में भ्रम की स्थिति यह भी है कि इसे कला का दर्जा दिया जाये या प्रबन्ध विज्ञान का हिस्सा माना जाये। हालाँकि व्यसायिक संस्थाओं ने तो उसे उच्चस्तरीय प्रबन्ध का दर्जा दिया है परन्तु अनेक विश्वविद्यालय इसे कला संकाय का भाग मानकर ही इससे जुड़े पाठ्यक्रम संचालित कर रहे हैं। इसे क्षेत्र के अनुरूप योग्यता रखने वाले शिक्षकों के अभाव के कारण भी इसके शिक्षण-प्रशिक्षण में समस्याएँ पैदा हो रही हैं। आज ऐसे शिक्षकों को शामिल करने पर जोर दिया जा रहा है जो जनसम्पर्क विषय की आवश्यक योग्यता के साथ ही व्यंवसायिक अनुभव भी रखते है।

देश भर में संचालित हो रहे जनसम्पर्क पाठ्यक्रमों में भी एकरूपता का अभाव है। पाठ्यक्रमों में एकरूपता नहीं होने से अनेक विसंगतियाँ पैदा हो रही हैं। अतः ऐसे प्रयास किये जाये जिससे कि किसी प्रोफेशन विशेष को मान्यता प्रदान करनेवाली 'बार काउन्सिल ऑफ इण्डिया' या 'फार्मेसी काउन्सिल ऑफ इण्डिया' जैसी संस्था जनसम्पर्क क्षेत्र के लिए भी बनायी जाये जो देश भर में जनसम्पर्ककर्मियों को मान्यता प्रदान करे। इससे जनसम्पर्क विधा का व्यवस्थित फ्रेमवर्क तैयार होगा तथा इसके नियमाकीय आधार बनेंगे। जनसम्पर्क शोध का अभाव होने के कारण भी इस विद्या का सही विकास नहीं हो पा रहा है। शोध कार्यों की व्यवस्था से इस विषय को सही दिशा प्रदान की जा सकती है। जनसम्पर्क के क्षेत्र में कुछ विश्वविद्यालयों द्वारा शोध उपाधि की व्यवस्था तो प्रारम्भ कर दी गयी है परन्तु उसके सही मापदण्ड नहीं किये गये हैं।

जनसम्पर्क के क्षेत्र में व्यापक रोजगार की सम्भावनाओं को लेकर युवा वर्ग आज भ्रम की स्थिति में है। भारत में शासकीय एवं गैर शासकीय क्षेत्र में जनसम्पर्क को विशिष्ट स्थान न मिलने के कारण रोजगार सम्बन्धी विज्ञापनों में जनसम्पर्क कर्म से जुड़े पदों की संख्या नगण्य होती है। इन पदों के लिए आवश्यक योग्यताओं के

अनुसार जनसम्पर्क के अलावा जनसंचार, पत्रकारिता, प्रबन्धन के उपाधिकारी व्यक्ति भी अपनी उम्मीदवारी कर सकते हैं। इससे जनसम्पर्क पाठ्यक्रमों में शामिल हो रहे युवाओं में सन्देह की स्थिति पैदा हो जाती है। इस सन्दर्भ में यह भी उल्लेख किया जाना महत्त्वपूर्ण है कि जनसम्पर्क क्षेत्र के कार्यदायित्वों को संगठनों द्वारा स्पष्ट नहीं किया गया है। यह उम्मीद की जाती है कि जो कार्यदायित्व अस्पष्ट श्रेणी का हो उसे जनसम्पर्क विधा के दर्जे में गिरावट की स्थिति पैदा हो गयी है। अतः ऐसे प्रयास किये जायें जिसे जनसम्पर्क कर्मी अपना कार्य करें। आज आवश्यकता इस बात की है कि जनसम्पर्क विधा से जुड़ी चुनौतियाँ और समस्याओं का शीघ्रता से समाधान किया जाये जिससे इस विधा को सम्मानजनक प्रोफेशन का दर्जा प्राप्त हो सके।

अध्याय 20

विज्ञापनों में मनोरंजन की महक

सदियों से हमारे समाज में एक सिद्धान्त प्रचलित है कि आवश्यकता आविष्कार की जननी होती है। अर्थात् हमारा समाज जिस चीज की आवश्यकता महसूस करता है, समय के साथ उसका आविष्कार हो जाता है। इसके विपरीत आज बाजारीकृत व्यवस्था ने अनेकानेक उत्पाद और सेवाओं का आविष्कार किया है और विज्ञापन हमें उस वस्तु या सेवा की आवश्यकता महसूस कराते हैं। बाजार का यही नवीन सिद्धान्त हमें विज्ञापन की महत्ता से परिचित कराता है। पिछले दशकों में तेजी से फैला यह विज्ञापन उद्योग आज चालीस हजार करोड़ से अधिक का हो गया है। एक अनुमान के अनुसार बड़े शहरों में एक प्रति व्यक्ति प्रतिदिन सात हजार से अधिक विज्ञापनों पर चाहे-अनचाहे नजर दौड़ाता है। खाने-पीने की वस्तुओं से लेकर वित्त एवं बीमा सम्बन्धी सेवाओं तक, वाहनों और संचार सेवाओं की जानकारी से लेकर सामाजिक सेवा सन्देशों तक सभी में विज्ञापन की भरमार है। विज्ञापन आज किसी वस्तु या सेवा की जानकारी नहीं देते हुए उसकी गुणवत्ता या महत्ता से परिचित ही नहीं कराते हैं बल्कि हमारा मनोरंजन भी करते हैं। हमें आज भी याद है कि 80 के दशक में दूरदर्शन पर सस्ते वाशिंग पाउडर में प्रतिस्पर्द्धा में सर्फ की ललिता जी 'सर्फ की खरीददारी में ही समझदारी है भाईसाहब' कहकर सर्फ का प्रचार करती ही थी, साथ ही हमारा मनोरंजन भी करती थी। झरने के नीचे नहाती लिरिल गर्ल, लक्स की ब्राण्ड ऐम्बैसडर फ़िल्मी तारिकाएँ, वीआईपी सूटकेस, गोदरेज अलमारी और केडबरी चाकलेट के विज्ञापनों में दिखाये गये मध्यमवर्गीय परिवारों ने सिर्फ उत्पाद का प्रचार कर उसे सफल नहीं बनाया बल्कि हमारा जोरदार मनोरंजन भी किया। यह कहना अतिशयोक्ति नहीं होगी कि आज विज्ञापन वस्तु या सेवा की जानकारी हासिल करने के लिए नहीं बल्कि मनोरंजन के लिए देखे जाते हैं।

विज्ञापन और मनोरंजन का अर्थशास्त्र

आज विज्ञापन विशेषज्ञ यह मान रहे हैं कि विज्ञापनों में विक्रय तत्त्व से ज्यादा मनोरंजन तत्त्व पर ध्यान दिया जाता है। यदि विज्ञापन लोगों का मनोरंजन कर रहा है तो उत्पादन अपने आप ही सफल हो जाता है। वर्तमान परिदृश्य में मनोरंजन तत्त्व की ओर तेजी से बढ़ते सामाजिक झुकाव को देखकर प्राइस वाटर कूपर्स रिपोर्ट सही साबित होती प्रतीत है जिसमें कहा गया है कि भारत में मीडिया और मनोरंजन बाजार लगभग 18.5 प्रतिशत विकास दर के साथ 1,548 अरब रुपये तक पहुँचने की उम्मीद है। मनोरंजन उद्योग के सम्बन्ध में हाल में प्रकाशित एसौचेम रिपोर्ट में माना गया है कि मीडिया एवं मनोरंजन उद्योग 19 प्रतिशत की विकास दर के साथ 83,740 करोड़ का होगा जिसमें विभिन्न माध्यमों की भागीदारी अनुसार टेलीविजन उद्योग 42,700 करोड़ का होगा जिसमें 19,900 करोड़, सिनेमा 15,300 करोड़ और म्यूजिक 740 करोड़ का होगा। इसके अतिरिक्त एनीमेशन एवं गेमिंग के क्षेत्र में अपार संभावनाएँ देखी जा रही हैं। उक्त आँकड़े साफ करते हैं कि मनोरंजन उद्योग में वृद्धि से विज्ञापन उद्योग का विस्तार सम्भव होगा। विज्ञापनों पर व्यय करनेवाली संस्थाएँ विज्ञापन एजेन्सी पर दबाव डालेंगी कि विज्ञापनों पर किये गये व्यय का हमें उचित प्रतिफल मिलना चाहिए। विज्ञापन विशेषज्ञों की राय में यह तभी सम्भव होगा जब विज्ञापनों में मनोरंजन परोसा जाये।

आधुनिक अर्थव्यवस्था में विकास के स्तर को मापने के लिए यह अध्ययन भी किया जाता है कि विज्ञापन पर किया गया खर्च सकल घरेलू उत्पाद का कितने प्रतिशत है। भारत में यह आँकड़ा अभी दशमलव चार प्रतिशत के आसपास है। आनेवाले पाँच वर्षों में सम्भवतः यह एक प्रतिशत के स्तर पर पहुँच जाये। जर्मनी के मामले में यह आँकड़ा 9 प्रतिशत है। जिन देशों में विज्ञापन पर ज्यादा व्यय किया जाता है वहाँ प्रसिद्ध ब्रॉण्ड विकसित हुए हैं। कोक, पेप्सी, मैकडोनाल्ड जैसे विश्व प्रसिद्ध ब्राण्ड अमेरिका के हैं क्योंकि वहाँ विज्ञापनों पर अधिक व्यय किया जाता है।

विज्ञापनों में मनोरंजन की घुलती मिठास

भारत के प्रसिद्ध विज्ञापन विशेषज्ञ पीयूष पाण्डे कहते हैं कि आज विज्ञापन उत्पाद से ज्यादा, उसके लिए सृजित मनोरंजक विचार के लिए जाना जाता है। इसलिए दर्शकों की रुचि बनाये रखने के लिए देश के बेहतरीन विज्ञापन भरतमुनि के नाट्यशास्त्र के नवरस से प्रेरित होने लगे हैं। आज तीस सेकेण्ड का विज्ञापन मनोरंजन के मामले में तीस घण्टे की फ़िल्म पर भारी पड़ता है। अमेरिका के प्रख्यात

पत्रकार वांस पैकार्ड ने अपनी पुस्तक 'द हिडन पर्सुएडर्स' में विस्तार से स्पष्ट किया कि किस-किस तरह उपभोक्ताओं के मानस को प्रभावित किया जा सकता है। आज विज्ञापन को मनोरंजक और प्रभावी बनाने के लिए नये-नये नुस्खे, नयी-नयी तकनीक अपनायी जा रही है। हास्य-व्यंग्य, भावनाओं और संवेदनाओं से लेकर एनीमेशन एवं कार्टून सभी का प्रयोग किया जा रहा है। अमिताभ बच्चन सिनेमा की तरह विज्ञापनों में भी छाये हुए हैं। वे नवरत्न तेल से लेकर, बच्चों की पोलियो की दवा पिलाने तक, सब जगह नजर आते हैं। इसके साथ-साथ शाहरुख खान, सचिन तेंदुलकर, आमिर खान और महेन्द्र सिंह धोनी विज्ञापनों में तरह-तरह का भेष धारण कर वस्तुओं का प्रचार ही नहीं करते बल्कि लोगों का मनोरंजन भी करते हैं। नामचीन हस्तियों को छोड़ दें तो भी टाटा टी 'जागो रे इण्डिया' मेण्टॉस का 'दिमाग की बत्ती जला दे' तथा वोडाफोन के 'जूजू' जैसे विज्ञापन लोगों का जबरदस्त मनोरंजन करते हैं।

आई.पी.एल. के दूसरे सत्र में मई 2009 में प्रसारित हुए वोडाफोन के जूजू के 29 विज्ञापनों की शृंखला ने लोगों को अपनी ओर आकर्षित किया। इस विज्ञापन अभियान को लोगों ने बड़ा पसन्द किया जिससे वोडाफोन को बड़ी व्यावसायिक सफलता मिली। इसी कड़ी में केडबरीज का 'पप्पू पास हो गया' कोका कोला का 'ठण्डा मतलब कोका कोला' और एशियन पेण्ट्स का 'वाह, सुनील बाबू बढ़िया है', विज्ञापन अभियान भी उल्लेखनीय है। विज्ञापनों में मनोरंजन एवं सृजनात्मकता की दृष्टि से अमूल के 'अटर्ली-बटर्ली' विज्ञापन अभियान का जिक्र किया जाना भी जरूरी है। 1967 में अमूल ब्राण्ड के साथ 'सिलिल्वस्टर द कुन्हा' की अमूल गर्ल नजर आयी और फिर हमेशा के लिए ब्राण्ड की पहचान बन गयी। इस विज्ञापन अभियान की सफलता का अन्दाज़ इसी बात से लगाया जा सकता है कि ग्रीनीज बुक ऑफ वर्ल्ड रिकार्ड ने इसे सबसे लम्बे समय तक चलनेवाले विज्ञापन अभियान के रूप में दर्ज किया है। लम्बे समय तक चलनेवाले विज्ञापन विशेषज्ञ यह मानते रहे कि जैसे-जैसे किसी वस्तु पर होनेवाले विज्ञापन खर्च में बढ़ोतरी होती जाती है वस्तु ब्राण्ड में तब्दील होने लगती है। इस मान्यता के विपरीत आज विज्ञापन विशेषज्ञों की राय है कि किसी वस्तु का विज्ञापन लोगों का जितना अधिक मनोरंजन करेगा उतनी तेजी से वस्तु ब्राण्ड में तब्दील होती जायेगी।

विज्ञापन मनोरंजन और बच्चे

बच्चों के लिए विज्ञापन सर्वाधिक आकर्षण का केन्द्र होते हैं। छोटे-छोटे बच्चों की टकटकी लगाये टीवी पर विज्ञापन देखकर खुश होते देखने का किस्सा हर परिवार

से सुना जा सकता है। बच्चे विज्ञापनों को पसन्द तो करते हैं साथ ही वे विज्ञापन का अहम हिस्सा भी हो गये हैं। आज नारी और बच्चों को शामिल कर ही अधिकांश विज्ञापन बनाये जा रहे हैं।

भारत में केबल टेलीविजन के शुरुआती दौर में नमिता उन्नीकृष्णन और शैलजा वाजपेयी ने 'द इम्पैक्ट ऑफ टेलीविजन एडवरटाइजिंग ऑन चिल्ड्रन' शीर्षक से एक अध्ययन किया था जो 1996 में सेज प्रकाशन ने प्रकाशित किया। यह अध्ययन दिल्ली में किये गये सर्वेक्षण पर आधारित था। सर्वेक्षण के अनुसार 1992 में टेलीविजन में आनेवाले 35 प्रतिशत उपभोक्ता विज्ञापनों में बच्चों का प्रयोग किया जा रहा था। अध्ययन में एक निष्कर्ष के अनुसार आठ से पन्द्रह साल के पचहत्तर प्रतिशत बच्चे टेलीविजन विज्ञापनों में प्रदर्शित उत्पादों को हासिल करना चाहते हैं। बरसों पहले संयुक्त राज्य अमेरिका में कोका कोला कम्पनी ने अपने उत्पाद के साथ एक फीडिंग बोतल मुफ्त देना शुरू किया। फीडिंग बोतल की बनावट बिलकुल कोकाकोला की बोतल जैसी थी। यह प्रयोग मनोविज्ञान के उस सिद्धान्त पर आधारित था जिसमें कहा गया है कि बच्चे के अवचेतन मन में अधिक समय तक देखी गयी चीज बैठ जाती है।

आज 'कमार्शिलाइजेशन ऑफ चाइल्ड' समाज की चिंता का बड़ा विषय है। एक सर्वे के अनुसार ब्रिटेन में 10 वर्ष की औसत आयु बच्चे दस हजार से अधिक टीवी विज्ञापन देखते हैं एवं चार सौ से अधिक ब्राण्ड याद रखते हैं और इनमें से ही अपनी पसन्द की वस्तु चुनते हैं। वे उन चीजों को अधिक चुनते, जिनके विज्ञापन अधिक ग्राह्य होते हैं। इस तथ्य को भारत की दो बिस्कुट निर्माता कम्पनी की विज्ञापन रणनीति के आधार पर समझा जा सकता है। 90 के दशक में 'पारले प्रॉडक्टस प्राइवेट लिमिटेड' के 'पारले जी' बिस्कुट को ब्रिटेनिया के 'टाइगर' बिस्कुट ने अपने विज्ञापनों से कड़ी चुनौती दी। उस समय पारले ने अपने विज्ञापन रणनीति को परिवर्तित करते हुए दूरदर्शन में बच्चों के चर्चित धारावाहिक 'शक्तिमान' को प्रायोजित किया और 'शक्तिमान' को पारले के विज्ञापन में शामिल कर पुनः अपने ब्राण्ड को बाजार में स्थापित कर लिया। सभी राष्ट्रीय व बहुराष्ट्रीय कम्पनियाँ अपने बच्चों को केन्द्र में रखकर अपने उत्पाद बना रही हैं। ये कम्पनियाँ आज इन वस्तुओं के विज्ञापन बच्चों के टेलीविजन चैनल्स या कार्टून पत्रिकाओं में करती है। बच्चों के पसन्दीदा पात्र इन वस्तुओं के विज्ञापनों में नजर आते हैं। इसलिए आज बच्चों में इन वस्तुओं को खरीदने की एक होड़-सी देखने को मिल रही है। यह कमाल वस्तु की गुणवत्ता या उसकी जरूरत के कारण नहीं हो रहा है बल्कि उस उत्पाद के विज्ञापनों में डाले गये मनोरंजन के मसाले का कमाल है।

विज्ञापनों में मनोरंजन के नये जतन

आज विज्ञापन एजेन्सियाँ किसी वस्तु या सेवा के विज्ञापनों को मनोरंजक व प्रभावी बनाने के लिए नये-नये जतन कर रही हैं। मेण्टॉस, सेण्टर शॉक्स या कुरकुरे में की गयी हास्य अपील हो अथवा अमूल माचो या एक्स इफेक्ट्स में की गयी सेक्स अपील, बीमा कम्पनियों अथवा मोबाइल कम्पनियों द्वारा की गयी भावनात्मक अपील हो या टाटा टी के 'जागो रे', आइडिया के 'पेड़ एवं पेपर बचाओ' दिखाने वाले सामाजिक जागरूकता के विज्ञापन, सभी का मकसद बेहतर मनोरंजन कर लोगों का दिल जीतना है। उपभोक्ता का दिल जीतने से ही उत्पाद विजयी होगा। ये सारे विज्ञापन हमारे आसपास के सामाजिक ताने-बाने में गुँथे हुए नजर आ रहे हैं। जहाँ एक ओर अनेक कम्पनियाँ ब्राण्ड ऐम्बैसेडर को लेकर बाजार में अपनी पहचान बनाने में लगी हैं। वही 'हार्पिक' एवं 'ह्वील' के विज्ञापन आम आदमी के बीच जाकर कुछ नया करने की कोशिश कर रहे हैं। कुल मिलाकर आज सारा विज्ञापन तन्त्र समाज और मनोरंजन को केन्द्र में रखकर कुछ नया करने का जतन करने में लगा है। एक समाजशास्त्री का बयान है कि किसी दौर के समाज और उस समय के मनोरंजन को समझना हो तो उस दौर में उस समाज में चल रहे चुटकुलों को समझना चाहिए। आज विज्ञापनों के बढ़ते मायाजाल को देखकर हम कह सकते हैं कि किसी दौर में सामाजिक मनोरंजन को समझने के लिए उस समाज के लिए उस दौर में बने विज्ञापनों को देखना चाहिए।

केस स्टडी- 1

एस.बी.आई. में परिवर्तन की पहल

स्टेट बैंक आफ इण्डिया (एस.बी.आई.) आज राष्ट्र के सार्वजनिक क्षेत्र के सबसे बड़े बैंक की तौर पर स्थापित है। विदेशी बैंकों की बढ़ती सूची के बीच नये उत्पादों और प्रौद्योगिकी के साथ ग्राहकों को आकर्षित करने तथा उन तक पहुँचने में एस.बी.आई. को काफी सफलता मिली है। हममें से बहुत लोग विशाल परिवर्तन की इस कहानी के बारे में नहीं जानते। भारतीय अर्थव्यवस्था का यह स्तम्भ जिसकी नींव 1806 में रखी गयी थी, एक समय बड़े कठिन दौर से गुजर रहा था। एस.बी.आई., जिसमें सरकार का 60 प्रतिशत हिस्सा है, जड़ता में फँसा हुआ था और नये उभरते निजी बैंकों के मुकाबले बाजार में हिस्सेदारी गँवाता जा रहा था। उदारीकरण के बाद और शताब्दी के शुरुआती भाग में बैंक बहुत ही नाजुक दौर से गुजर रहा था क्योंकि यह लगभग सभी मापदंडों पर विफल हो रहा था, जैसे ग्राहकों की निष्ठा, उत्पादकता, बाजार में हिस्सेदारी, कर्मचारियों का मनोबल आदि। सरकार भी बैंक के लगातार खराब प्रदर्शन को लेकर काफी चिन्तित थी।

सन 2006 में जब एस.बी.आई. का संकट बना हुआ था, भारत सरकार बैंक के नेतृत्व को सँभालने के लिए एक नये अध्यक्ष की तलाश में थी। आखिरकार 1972 बैच के प्रोबेशनरी ऑफिसर ओम प्रकाश भटट् को इस शीर्ष कार्य के लिए चुना गया। भट्ट एस.बी.आई. बोर्ड में जूनियर थे, जो कि उनके वरिष्ठों की पीड़ा और निराशा का सबब भी बना हुआ था। भट्ट को उल्लेखनीय प्रगति करते हुए बैंक के बोर्ड तक पहुँचने के लिए जाना जाता था। उनके अथक प्रयासों औरअभिनव दृष्टिकोण से बैंक और ग्राहकों के बीच विश्वास बनाने के लिए मदद भी मिली।

एस.बी.आई. के लिए नवोन्मेष ही एक नुस्खा था। लेकिन इस चुनौती से निपटने के लिए दस हजार शाखाओं में फैले दो लाख कर्मियों को कुछ कड़वे घूँट पीने की जरूरत थी। बदलाव की जरूरत सहयोगियों को समझाते हुए इस विशालकाय कम्पनी को सुस्ती से उबारने की खातिर झकझोरना भट्ट के लिए एक

कठिन काम था। इन चुनौतियों के बावजूद, उन्होंने बैंक को आगे बढाया और धीरे-धीरे बैंक की बाजार में हिस्सेदारी फिर बढना शुरू हो गयी। मजबूत लाभ वृद्धि दर्ज करते हुए बैंक फॉर्च्यून ग्लोबल की 500 कम्पनियों में शामिल हो गया।

परिवर्तन यात्रा

जब भट्ट ने 2006 में अध्यक्ष के रूप में कार्यभार सँभ।ला था तब एस.बी.आई. की बाजार की हिस्सेदारी में दो दशकों से लगातार कमी आयी थी। 1970 के दशक के शुरुआती दिनों में, बैंक की लगभग 35 प्रतिशत हिस्सेदारी थी, जो घटकर करीब 15 प्रतिशत रह गयी। इस सदी के प्रारम्भिक वर्षों में गिरावट और बदतर हो रही थी। शुरुआती दिनों में बैंक की भारत में एक प्रभावशाली आवाज थी, चाहे वह आर्थिक क्षेत्र हो, औद्योगिक या सरकारी क्षेत्र। बैंक राष्ट्र की अर्थव्यवस्था के प्रवर्तकों में से एक था।

लेकिन 2006 तक, यह बैंक महज एक और बैंक बनकर रह गया था। शायद यह आस्ति, शाखा संजाल और ग्राहकों के मामले में भारत का सबसे बड़ा बैंक था, लेकिन भट्ट के लिए, उस समय चिन्ता दूसरी बात की थी उन्हें बार बार यह बात परेशान करती थी कि बैंक ने अपनी आवाज खो दी और उसका प्रभाव काफी घट गया था।

इसके अलावा, कर्मचारियों का मनोबल सबसे निम्न स्तर पर था। उन्होंने अपना आत्मगौरव और बैंक के प्रति अपनेपन की भावना खो दी थी। ऊपर से नीचे शाखाओं तक, सभी कर्मी संस्था को अलग-अलग दिशाओं में खींच रहे थे। उनका प्रदर्शन व्यक्तिगत रूप में इतना बुरा नहीं था, लेकिन वे संस्था के दृष्टि के साथ तालमेल बनाने में सक्षम नहीं थे। लगता था उनका न कोई लक्ष्य था, न कोई दृष्टि और न कोई प्रतिबद्धता। भट्ट को दुःख तो हुआ लेकिन वे हार माननेवाले नहीं थे। वह प्रबल रूप से आक्रामक नहीं थे, लेकिन उनके भीतर जीतने की अदम्य भावना थी जिसे केवल वे समझते थे जिन्होंने उनके साथ काम किया था।

1980 के दशक तक, बैंक काफी अच्छी तरह से काम कर रहा था लेकिन उस दशक के अन्त में, निजी क्षेत्र का प्रभुत्व बढ़ना शुरू हुआ, और 1990 की शुरुआत में उदारीकरण के बाद निजी और विदेशी बैंकों में अधिक प्रतिस्पर्द्धा हुई। नये बैंक नयी प्रौद्योगिकी, नये उत्पादों, बाजार में अधिकतम हिस्सेदारी की ललक, लाभ के लिये जोखिम लेने की रणनीति और बिना किसी विरासत के बोझ के साथ मैदान में थे। एस.बी.आई. राज्य की स्वामित्ववाली विरासत पुरानी तकनीक, सन्दिग्ध ट्रेड यूनियनों, और प्रतिस्पर्द्धात्मक भावना की कमी साथ में मैदान में था।

उदारीकरण से पहले, अधिकांश सार्वजनिक क्षेत्रीय बैंक अपने फैसले लेने में अक्षम थे। भारतीय रिजर्व बैंक (आर.बी.आई.) तय करता था किसे, किसके लिए कितना उधार देना है और किस दर पर। सब कुछ पूर्व निर्धारित होता था। सार्वजनिक क्षेत्र के बैंक में भविष्य के बारे में अँधेरे में थे, उसके बारे में योजना बनाना तो दूर की बात थी।

एस.बी.आई. प्रतिस्पर्द्धा में हो रही हार के प्रति सचेत था, और उसने प्रतिकार का प्रयास किया। संगठन के ढाँचे में कुछ बदलाव किये गये लेकिन इससे प्रबन्धन की एक और परत बढ़ गयी और बैंक के भीतर चुनौतियों का प्रतिकार धीमा हो गया। शाखाओं और कॉरपोरेट केन्द्र के बीच संचार भ्रम पैदा हो गया। शाखाओं से कॉरपोरेट केद्र तक प्रतिक्रिया अपर्याप्त और कमजोर थी। शाखाओं को कम्प्यूटरीकृत करने की प्रक्रिया धीमी थी और बैंक को इस मामले में पहल लेने में बहुत समय लगा। इस बीच, बाजार बैंक से दूर होता जा रहा था।

खोये हुए अवसर

दो महत्त्वपूर्ण व्यावसायिक खँड दूर हो रहे थे- एक बड़ा और दूसरा मध्यम आकार का कॉरपोरेट सेगमेण्ट जिसमें एस.बी.आई. को बढत प्राप्त थी। एक समय था जब इन कॉरपोरेट्स को ऋण की आवश्यकता थी और बैंक यह प्रदान करने के लिए विशेष रूप से सक्षम था। बैंक की जमाराशियाँ कई गुना बढ़ी थीं और वह आराम से उधार दे सकता था। लेकिन अचानक इन कॉरपोरेट्स की जरूरतें बदलीं। उनके लिए पैसे के अलावा कुछ और चीजें जरूरी थी- शुल्क- आधारित सेवाओं जैसे ट्रेजरी, ट्रेड फाइनेन्स, और कई मुद्राओं और सीमाओं में नकदी प्रबन्धन आदि। इसके लिये जरूरी तकनीक बैंक में नहीं थी इस कारण इन कॉरपोरेट्स ने एस.बी.आई. से दूर होना शुरू कर दिया। बैंक के साथ समस्या यह थी कि यह व्यापार की नयी गतिशीलता के लिए तैयार ही नहीं हो पाया था।

दूसरी तरफ युवा और नव-समृद्ध लोग थे। रोजगार के अवसर जैसे-जैसे बढ़ रहे थे वैसे-वैसे लोगों की वित्तीय स्थिति सुधरी। पेशेवर भारतीय युवाओं के लिए, अधिक अवसर सामने आये, जो आमतौर पर वेतन भोगी कामगार थे या उनके अपने रोजगार भी थे। इन युवाओं के लिए, एस.बी.आई. पहली पसन्द का बैंक नहीं था। बैक के पास कोई आकर्षक उत्पाद नहीं था, जैसे कि कार या घर खरीदने के लिए व्यक्तिगत ऋण, घर सजाने या बनाने के लिए या छुट्टी पर जाने के लिए ऋण आदि। मनोवैज्ञानिक रूप से युवा ग्राहकों के लिए आकर्षक निजी क्षेत्र के और विदेशी बैंकों को एस.बी.आई. जैसे अपेक्षाकृत सुस्त सार्वजनिक क्षेत्र के बैंकों की

अपेक्षा तरजीह दी। दुर्भाग्य से बैंक ने इन दो महत्त्वपूर्ण राजस्व वाले व्यापार क्षेत्रों को विदेशी और निजी बैंकों के हाथों खो दिया।

चुनौती से लड़ना

बैंक ने नुकसान को आंशिक रूप से नियन्त्रित करने के लिए कुछ तात्कालिक कदम उठाए। एक स्वैच्छिक सेवानिवृत्ति योजना चालू थी, जिसके कारण कुछ बेहतरीन प्रतिभाएँ जिन्हे निजी क्षेत्र या विदेशी बैंकों में काम पर रखने का पूरा भरोसा था, एस.बी.आई. को छोड़ रही थी। इस पलायन को तुरन्त रोक दिया गया था। कुछ प्रणालीगत समस्याओं जैसे खराब कनेक्टिविटी और जटिलता के कारण बैंक ने केन्द्रीकृत कम्प्यूटरीकरण की पहल को भी रोक दिया, जो बैंक की ग्राहकों को पर्याप्त सेवा देने की क्षमता को कम कर रही थी। खाते खोलने में दो घण्टे लगते थे। पर बैंक व्यवसाय खो रहा था, और कर्मचारी निराश हो रहे थे।

इस बीच, भट्ट ने शीर्ष प्रबन्धन में बहुत सारे पोर्टफोलियो बदल दिये ताकि संस्था में उदासी और निराशा के वातावरण दूर कर माहौल खुशनुमा बनाया जा सके। उन्होंने सहयोगियों से कहा यदि आप दुनिया भर में किसी भी संस्थान में किसी परिर्वतनकारी प्रयास को देखते हैं तो लोगों द्वारा किये गये अधिकांश काम सामान्य होते हैं इसमें कोई जादू नहीं है। राज यह है कि आप इसे कैसे करते हैं, आप एक टीम कैसे बनाते हैं, और आप जो कर रहे हैं, उसके बारे में आम सहमति कैसे बनाते हैं। तभी आप अपनी योजना को निष्पादित करने में सक्षम हो पाते है। बैंक के लिए मेरे पास एक दृष्टि थी, लेकिन मुझे आपको इसके बारे बताने की जरूरत थी।

उन्होंने छोटे समूहों में वरिष्ठ अधिकारियों से बात करना शुरू कर उन्हें जिम्मेदारी का एहसास कराया और प्रोत्साहित किया। यह भी जताने की कोशिश की कि बैंक कैसे नुकसान से बच सकता है। अध्यक्ष के रूप में दूसरे महीने के दौरान बोर्ड में जब वह अपने वरिष्ठ सहयोगियों के बारे में कुछ निश्चिन्त हो गये जिनसे समस्याओं को साझा कर सकते थे तब उन्होंने एक सम्मेलन आयोजित कर बैंक के 25 वरिष्ठ अधिकारियों से पाँच दिनों तक संवाद स्थापित किया।

परिवर्तन का मोड

सम्मेलन में स्वयं भट्ट समेत पूरे दल का अनुभव दिन-प्रतिदिन के अनुभव से बहुत अलग रहा, यह महत्त्वपूर्ण मोड़ था। भट्ट ने सम्मेलन शुरुआत एक फ़िल्म दिखाकर की। यह एक गोल्फर के बारे में थी जो अपनी लय खो चुका था। एक गोल्फर का लय खो देना हृदय, मन और शरीर के साथ उसके सम्पूर्ण अस्तित्व के सामंजस्य को प्रभावित करता है। लय खोकर दोबारा प्राप्त करना एक बड़ी चुनौती

होती है। यदि कोई प्राप्त कर लेता है तो पहले जितना ही अच्छा या और बेहतर हो सकता है। यही बात वह बैंक के बारे में भी कहना चाहते थे।

उन्होंने सम्मेलन में अगले चार दिनों के लिए चर्चाओं का खाका तैयार किया धीरे-धीरे प्रतिभागियों की मानसिकता में बदलाव देखा जा रहा था। वे तेजी से खुल गये थे। बैंक के पुनर्निर्माण में, उसकी समस्याओं और उससे निपटने के तरीकों के बारे में बात कर रहे थे। भट्ट ने देखा कि बैंक के बारे में सभी आलोचनाओं की धार कम करने का समय आ गया है। उन्होंने सहयोगियों से कहा की समस्या हमारी अपनी बनायी हुई है और हम अपने आप को पीड़ित की तरह ना देखें। एकतन्त्र हमारी संस्कृति में इतनी गहराई तक बस गया है कि हम असहमति और प्रतिक्रिया को दबाने के लिए किसी हद तक भी जा सकते हैं।

उनका दृष्टिकोण समाधानकारी था जिससे वे अपने सहयोगियों को महसूस करा सके कि वे भी उनमें से एक हैं और सभी को सिर्फ एक मुद्दे पर उनके साथ होना चाहिए, वह है बैंक का पुनरुत्थान। उनकी सादगी से अभिभूत होकर सहयोगियों ने खुलकर अपने विचारों को प्रकट किया, आलोचना को स्वीकार किया और अन्त में बैंक के विकास के लिए सहमति और तालमेल को विकसित किया।

सम्मेलन की उपलब्धि

सम्मेलन एक 14-सूत्री कार्यसूची के साथ समाप्त हुआ जिसे तीन व्यापक समूहों में बाँटा जा सकता था। पहले समूह के मामले सीधे व्यापार से सम्बन्धित थे। कौन से उत्पाद और व्यवसाय अनदेखे हो रहे थे, कहाँ बैंक को अपनी उपस्थिति दर्ज करानी है, कौन सा व्यवसाय है जो बैंक को छोड़ देना चाहिए और कौन से ऐसे क्षेत्र हैं जहाँ बैंक और अधिक ऊर्जा और फोकस के साथ काम करे?

इससे पहले यदि बैंक को आगे ले जाने के बारे में कोई विमर्श हुआ तो बात कारोबार की चर्चा के साथ खत्म हो जाती थी। लेकिन इस बार कार्य सूची इससे आगे बढ़ी। दूसरे समूह ने इस बात पर ध्यान दिया कि इन व्यवसायों को कैसे सुलभ बनाया जाये। समूह ने व्यावसायिक प्रक्रियाओं, जोखिम प्रबन्धन, कार्य प्रबन्धन, तकनीकी प्रोत्साहन इत्यादि पर जोर दिया। तीसरा क्षेत्र जिसे अभी तक अनदेखा किया जाता था, कर्मचारियों पर केन्द्रित था। क्या बैंककर्मियों को हतोत्साहित किया जाता है बैंक उसे सुधारने के लिए क्या कर रहा है? समूह ने भर्ती और प्रशिक्षण के बारे में बात की लोगों के दृष्टिकोण में प्रेरक परिवर्तन लाने और बैंक को एक संगठनात्मक संस्कृति के साथ प्रेरणा-मूलक रणनीतियों और नेतृत्व की जरूरत पर

जोर दिया यह सभी उपाय बैंक की नयी दृष्टिकोण को समेटने वाली एक बड़ी रणनीति के तौर पर उभर कर आये।

नये दृष्टिकोण के लिए दो लाख के कार्य बल का तालमेल

सम्मेलन में सभी 25 लोगों ने चर्चा उत्पन्न विचारों और बैंक के लिए तैयार किये गये दृष्टिकोण के बारे में सार्थक प्रतिक्रिया दी और सभी दो लाख कर्मचारियों को एक साथ लाने के बारे में विश्वास व्यक्त किया। उसके लिए एक संचार योजना तैयार की गयी थी। भट्ट और उनकी टीम समस्या को समझ गयी थी और उसके समाधान को भी। लेकिन वह उत्तरोत्तर कदम बढ़ाना चाहते थे ताकि तालमेल स्थिर और सहज रुप से हो जाये। पहला कदम अध्यक्ष के उस सम्बोधन को सम्पादित करना था जो उन्होंने सम्मेलन के लिए तैयार किया था। इसे कार्यरूप में परिवर्तित करने के लिए एक प्रेजेण्टेशन की तौर पर प्रस्तुत करना था, जो प्रबन्ध निदेशक (डी. एम.डी.) सभी दस हजार शाखा प्रबन्धकों के समक्ष प्रस्तुत करने के लिए सहमत हो गये। मुख्य शाखा प्रबन्धक जी.एम., सी.जी.एम. जो इन शाखाओं को नियंत्रित करते थे, पहली बार सी.जी.एम. सारे शाखा प्रबन्धकों से मिले।

शीर्ष प्रबन्ध सम्मेलन केवल एक शुरुआत थी। एक अन्य सम्मेलन आयोजित कर एक साथ वरिष्ठ प्रबन्धकों को 50 से 100 के समूहों में निचले स्तर अधिकारियों को साथ लाने की पहल की गयी। भट्ट ने सहायक महाप्रबन्धकों से मिलकर बैंक के बारे में सभी के विचार खुले दिमाग से सुने।

ट्रेड यूनियनों को बोर्ड पर लाने का कठिन काम

भट्ट का मिशन मोटे तौर पर समावेशी था और बोर्ड पर ट्रेड यूनियन को लाये बिना अधूरा रहता। उन्होंने यूनियनों और अधिकारियों के संगठनों के वरिष्ठ प्रतिनिधियों को एक बैठक में एक साथ मिलाकर देशभर के 30 नेताओं को साथ लेकर चार दिन बिताये। भट्ट के कुछ सलाहकारों और सहयोगियों ने चेतावनी दी थी कि यूनियन नेता भरोसे योग्य नहीं होते बल्कि विघटनकारी हो सकते हैं। परन्तु शुरुआती झिझक के बाद यह मुलाकात भी सफल हो गयी।

यूनियन के नेताओं ने साबित किया कि शानदार परिणामों के लिए वह भी इतने उत्सुक पर थे जितने अध्यक्ष महोदय थे। उन्होंने साथ ही यह भी जान लिया की अध्यक्ष भी उनकी उतनी ही परवाह करते हैं जितनी वह अध्यक्ष की करते थे। उन्हें इस बात का एहसास नहीं था कि बैंक किस बुरी तरह डूबा हुआ है। अब वह इस क्रम में बदलाव के लिए योगदान करना चाहते थे।

तीन नये व्यवसाय समूह

भट्ट ने तीन नये व्यवसाय समूह बनाये। एक ट्रेजरी या खजाना था जो बैंक के उपेक्षित कामों में से एक था। उसे एक उप प्रबन्ध निदेशक के तहत एक लाभ केन्द्र में तब्दील किया गया। दूसरा ग्रामीण व्यवसाय समूह था जिसे सामान्य कृषि व्यवसाय के अलावा दो सालों में एक लाख बैंक विहीन ग्रामों में पहुँचने का काम सौंपा गया। ग्रामीण इलाकों में व्यवसाय का फोकस अलग था। नयी रणनीति के अनुसार बैंक का उद्देश्य विकास बैंकिंग के पारम्परिक व्यवसाय से हटकर ग्रामीण आवश्यकताओं की पूर्ति की तरफ लगाना था। यह माना जा रहा था कि बैंकों का भविष्य अब ग्रामीण भारत की वृद्धि और समृद्धि में निहित है।

तीसरा समूह कॉर्पोरेट रणनीति और नये व्यवसाय का था। इसके तहत उन क्षेत्रों में व्यापार के अवसरों की पहचान करना था जहाँ बैंक ने खराब प्रदर्शन किया था और अब जहाँ ग्राहकों को नये उत्पादों और सेवाओं के साथ लक्षित किया जाना था। भट्ट ने इस समूह को रणनीति रूप से महत्त्वपूर्ण, शक्तिशाली और नये व्यवसायों के विकास के लिए प्रासंगिक बनाया। नेट बैंकिग बढ़ी जिससे ग्राहकों को बैंकिग में आसानी हुई। इसी बीच धन प्रबन्धन सेवाएँ भी शुरू की गयीं।

निष्कर्ष

बोर्ड में भट्ट और उनके सहयोगियों ने सही निर्णय लेकर बैंक की गिरावट को रोका। एस.बी.आई. अब बाजार में अपनी हिस्सेदारी को संरक्षित कर रहा था और प्रत्येक तिमाही में कुछ बेस प्वाइण्ट अर्जित कर रहा था। बैंक के शेयरों में बढ़ोतरी हुई, जिसने प्रबन्धन को प्रभावी रणनीतिक कदम उठाने में मदद की। भट्ट जानते थे कि लोग शेयर बाजार की स्थिति, लाभप्रदता या मार्केट कैप जैसी बातों को आसानी से और बेहतर समझते है। कुल मिलाकर, बैंक की सभी अन्य सूचक लगातार सुधार पर थे। जनवरी 2008 में, आई.सी.आई.सी.आई. बैंक को पीछे छोड़कर बाजार पूँजी के मामले में एस.बी.आई. भारत में नम्बर एक बन गया। भट्ट को सी.एन.एन.आई.बी.एन. के भारतीय का पुरस्कार मिला। एस.बी.आई. भारत का सबसे मूल्यवान बैंक बन गया। 2006 में बाजार की पूँजी के मामले में देश की पाँचवीं सबसे बड़ी कम्पनी बनने का सम्मान भी प्राप्त किया और अन्तरराष्ट्रीय स्तर पर, एस.बी.आई. ने फॉर्चूयून ग्लोबल 500 की सूची में प्रवेश किया।

केस स्टडी- 2

भारत में नेस्ले की मैगी नूडल्स पर प्रतिबन्ध के बाद क्षति नियन्त्रण के लिए सोशल मीडिया का सफल इस्तेमाल

अन्तरराष्ट्रीय कम्पनी नेस्ले के शीर्ष खाद्य उत्पादों में से एक मैगी नूडल्स को जब भारत में असुरक्षित करार दिया गया तो व्यापार जगत् की नजरें नेस्ले की ओर घूम गयी कि यह कम्पनी इस स्थिति से कैसे निपट पायेगी। यह कम्पनी के लिए एक बड़ा झटका था, जो भारत में तीन से अधिक दशकों से इन्स्टण्ट नूडल बिक्री की 80 प्रतिशत हिस्सेदारी के साथ मैगी उत्पादों को बेच रही थी।

यह विशेष अध्ययन इस बात को समझने के लिए था कि नेस्ले ने कई डिजिटल मीडिया चैनलों का उपयोग करते हुए इस संकट की स्थिति में बेहतर प्रबन्धन का उदाहरण प्रस्तुत करते हुए कैसे विरोधियो को जवाब दिया था।

भारत के खाद्य सुरक्षा प्रशासन (एफ.डी.ए.) ने नेस्ले इण्डिया को 21 मई, 2015 को उत्तर प्रदेश राज्य से मैगी नूडल्स की एक खेप को वापस बुलाने का आदेश दिया था जिसे 'असुरक्षित और खतरनाक' पाया गया। साथ ही नेस्ले पर खाद्यान्न सुरक्षा कानून का पालन करने में नाकाम रहने का आरोप भी लगा। यह दावा भी किया गया कि परीक्षणों में उत्पाद में अधिक मात्रा में सीसा और एम. एस.जी. मिला था।

नेस्ले की प्रतिक्रिया

शुरू में नेस्ले ने अपने उत्पाद का बचाव किया और नूडल्स के असुरक्षित होने के सभी दावों को अस्वीकार कर दिया। उसने अपनी वेबसाइट और सोशल मीडिया पर कहा कि कोई भी उत्पाद वापस बुलाने का कोई आदेश नहीं मिला था। नेस्ले की वेबसाइट पर एक बयान में कहा गया-

'हमारे उत्पादों की गुणवत्ता और सुरक्षा हमारी कम्पनी के लिए सर्वोच्च प्राथमिकताएँ हैं और मैगी कारखानों में सख्त खाद्य सुरक्षा और गुणवत्ता नियन्त्रण है।' कम्पनी ने यह भी कहा, ''हम मैगी नूडल्स में एम.एस.जी. नहीं मिलाते और

ग्लूटामेट यदि मौजूद है, तो नैसर्गिक स्रोतों से आ सकते हैं। नमूनों में पायी गयी सामग्री से हम स्वयं आश्चर्यचकित हैं क्योंकि हम नियामक आवश्यकताओं के अनुरूप नियमित रूप से सामग्री की निगरानी करते हैं।''

नेस्ले ने ग्राहकों के सवालों के उत्तर देने के लिए ट्विटर और फेसबुक का इस्तेमाल किया।

प्रिय मैगी प्रशंसक

आपके पसन्दीदा मैगी नूडल को वापस बुलाये जाने के बारे में सोशल मीडिया पर चर्चा हो रही है। हम आपकी चिन्ताओं को पूरी तरह से समझते हैं और आप को आश्वस्त करना चाहते हैं कि मैगी न तो प्रतिबन्धित है और न ही इसके बाजार में बेचने के खिलाफ कोई आदेश है। हम आपको यह भी आश्वस्त करना चाहते हैं कि मैगी में कोई अतिरिक्त एम.एस.जी. नहीं है और नियमित परीक्षणों में लगातार दिखा है कि मेगी में सीसे का स्तर नियामक सीमा के भीतर हैं।

1 जून को नेस्ले फिर से आश्वासन दिया गया कि नूडल्स ग्राहकों के लिये सुरक्षित हैं। भारत में मैगी नूडल्स की जाँच को लेकर लिए कम्पनी ग्राहकों को निरन्तर अद्यतन जानकारी जारी करती रही।

मैगी नूडल्स इण्डिया के आधिकारिक फेसबुक पेज, ट्विटर और वेबसाइट पर, नेस्ले ने कहा कि ष्व्यापक परीक्षण में मैगी नूडल्स में कोई अतिरिक्त सीसा नहीं है। इन सन्देशों को 1 जून, 2015 को 1,498 रिट्वीट और 1, 648 को लाइक्स मिली।

2 जून को, नेस्ले ने सोशल मीडिया पर ग्राहकों को उनके सहयोग के लिए धन्यवाद दिया। कम्पनी ग्राहकों को फिर से आश्वस्त करती रही कि नूडल्स सुरक्षित हैं। वह एक पारदर्शी कम्पनी की तौर पर समस्या के निदान के लिए भारत में अधिकारियों के साथ मिलकर काम कर रही है।

साथ ही यह नेस्ले ने परीक्षणों के वैज्ञानिक पहलुओं को स्पष्ट किया कि सीसा और एम.एस.जी. उनके उत्पाद में किस तरह और किस प्रमाण में क्यों हैं।

सोशल मीडिया चैनल फेसबुक और ट्विटर पर ग्राहकों के साथ एक सक्रिय वार्ता में शामिल होने के अलावा, कम्पनी ने नेस्ले वेबसाइट पर 3 जून को सभी सवालों के जवाब देने के लिए एक अक्सर पूछे गये सवाल का पेज शुरू किया। जैसे- क्या मैगी नूडल्स सुरक्षित हैं? क्या मैं अपने मैगी नूडल्स वापस कर सकता हूँ? नवीनतम परीक्षण के परिणाम क्या हैं? मैगी नूडल्स में सीसा क्यों है? भारत से मैगी नूडल्स निर्यात के बारे में क्या स्थिति है? एम.एस.जी. और ग्लूटामेट में

क्या अन्तर है? स्वादिष्ट स्वाद के पीछे क्या वैज्ञानिक कारक हैं? मैगी नूडल्स कब वापस आ जायेंगे? क्या भारत में और दुनिया भर में नेस्ले में खाद्य सुरक्षा है?

"प्रिय प्रशंसकों, मैग्गी नूडल्स के मुद्दे पर आपके सभी प्रश्नों का उत्तर यहाँ दिया गया है" (811 रिट्वीट और 580 लाइक्स)।

ग्राहकों को फिर से आश्वस्त करने के बाद कि इसकी नूडल्स सुरक्षित हैं बढ़ते दबाव के चलते नेस्ले के सी.ई.ओ. पॉल बुल्के ने 4 जून को यू-टर्न ले लिया और एक प्रेस कॉन्फ्रेन्स में कहा, 'हम स्थिति को स्पष्ट करने के लिए अधिकारियों के साथ काम कर रहे हैं और इस बीच नेस्ले मैगी नूडल्स को दुकानों से वापस ले लिया जायेगा। सोशल मीडिया में बुल्के ने कहा, हम स्थिति को स्पष्ट होने तक स्टोर्स से मैगी नूडल्स वापिस ले रहे हैं (5 जून 2015, 1 9 रिट्वीट, 18 लाइक्स)।

16 जून को, नेस्ले ने नियामकों द्वारा असुरक्षित समझा जाने के बाद भारत में 32 मिलियन पाउण्ड (50 मिलियन) से अधिक मूल्य के मैगी नूडल्स नष्ट करने का फैसला किया।

भारत में खाद्य सुरक्षा के खौफ के बाद, उपभोक्ताओं को आश्वस्त करने के लिए दुनिया के अन्य भागों में मैगी नूडल्स का परीक्षण किया गया। ब्रिटेन में परीक्षण परिणाम में पाया गया कि उत्पाद में सीसा का स्तर यूरोपीय संघ के स्तरों के भीतर है। ब्रिटेन के परिणाम प्रकाशित होने के तुरन्त बाद, कनाडा ने भी मैगी नूडल्स सुरक्षित होने की मंजूरी दी। कई अन्य विदेशी देशों में पास कर दिया गया।

क्षति नियन्त्रण के लिए सोशल मीडिया का उपयोग

नेस्ले ने सोशल मीडिया, फेसबुक और कई ट्विटर अकाउण्ट (मुख्य नेस्ले अकाउण्ट, नेस्ले इण्डिया, मैगी इण्डिया) में ग्राहकों से आश्वस्त किया कि उनका उत्पाद सुरक्षित था। इसके साथ-साथ, नेस्ले ने ग्राहकों को अपडेट करने के लिए अपनी मुख्य वेबसाइट पर एक अनुभाग बनाया। कम्पनी ने इस मुद्दे पर ग्राहकों से हर ट्वीट पर प्रतिक्रिया देने के लिए एक प्रभावशाली प्रयास किया था जिसमें समझाया गया था कि मिट्टी और पानी में नैसर्गिक रूप से सीसे की कुछ मात्रा पायी जाती है। इसने डिजिटल चैनलों का उत्तम उपयोग करके ग्राहकों को सरल शब्दों में स्पष्ट किया कि भारत में प्रतिबन्ध के पीछे क्या वैज्ञानिक तथ्य हैं ताकि ग्राहक नेस्ले का पक्ष समझ सकें।

संकट के दौरान सोशल मीडिया के सफलतापूर्वक उपयोग के जरिये, नेस्ले ने ग्राहकों को भविष्य में नूडल्स खरीदना जारी रखने के लिए प्रोत्साहित किया और ग्राहकों को आश्वस्त करके अपनी छवि को नुकसान से बचाया।

एक मुश्किल समय से गुजरने के बाद, कम्पनी को अन्ततः अगस्त, 2015 में कुछ सकारात्मक समाचार प्राप्त हुए जब भारतीय सरकार द्वारा स्वीकृत प्रयोगशाला ने पाया कि मैगी नूडल्स वास्तव में राष्ट्रीय खाद्य सुरक्षा मानकों का पालन करते हैं। भारत के खाद्य मन्त्री ने खाद्य उद्योग में डर के माहौल को बनाने के लिए एफ.एस.एस.आई.ए. (खाद्य सुरक्षा और मानक प्राधिकरण) की भर्त्सना की। नेस्ले को बॉम्बे उच्च न्यायालय से भारतीय मैगी नूडल्स निर्यात करने की अनुमति भी प्राप्त हुई।

केस स्टडी- 3

जेट एयरवेज संकट प्रबन्धन में जनसम्पर्क की भूमिका

विषय विशेष

जेट एयरवेज का मामला-जनसम्पर्क की विपदा

जेट एयरवेज भारत की एक प्रतिष्ठित निजी एयरलाइन है। जेट एयरवेज के संस्थापक और चेयरमैन नरेश गोयल 2016 में इसे 12.16 अरब रुपये यानी लगभग 180 मिलियन अमरीकी डालर के मुनाफे पर चला रहे थे। जेट ने भारत, न्यूयॉर्क, टोरंटो, ब्रूसेल्स, लंदन, हांगकांग, सिंगापुर, कुआलालंपुर आदि के लिये उड़ाने चला रखी थी। इस कारण इसे काफी प्रतिष्ठा मिली। समय की पाबंदी और उत्कृष्ट सेवा के साथ जेट ने यात्रियों के एक बड़े तबके को आकर्षित किया एयरवेज प्रबन्धन की स्वयं के रखरखाव हैंगर और पायलट प्रशिक्षण केन्द्र विकसित करने की महत्त्वाकांक्षी योजना थी।

शुरुआत

कई व्यवसायमूलक और नेतृत्व पुरस्कार प्राप्तकर्त्ता, नरेश गोयल ने 1967 में वाणिज्य में स्नातक स्तर की पढ़ाई पूरी की और वे 18 वर्ष की उम्र में लेबनानी इण्टरनेशनल एयरलाइंस के सामान्य बिक्री एजेण्ट के रूप में पर्यटन उद्योग में शामिल हो गये। 1967 से 1974 तक उन्होंने कई विदेशी एयरलाइनों के माध्यम से यात्रा व्यवसाय की बारीकियों को सीखा।

मई 1974 में, उन्होंने भारत में अन्य विदेशी एयरलाइन्स की सेवाओं के विपणन के लिए अपनी कम्पनी, जेटएयर (प्रा.) लिमिटेड का गठन किया।

नरेश गोयल ट्रैफिक पैटर्न, मार्ग संरचना, परिचालनिक अर्थशास्त्र और उड़ान समय-बद्धन के अध्ययन के विकास में शामिल रहे। जेटएयर तरक्की करते हुए

अन्ततः 60 शाखा—कार्यालयों के एक तन्त्र में विकसित हुई। एयर इण्डिया और इंडियन एयरलाइंस के 35 वर्षों के एकाधिकार के बाद, भारत सरकार ने अप्रैल, 1989 में घरेलू विमानन बाजार को फिर से खोल दिया। इसने गोयल को, जिन्होंने 1991 में जेट एयरवेज (इण्डिया) प्राइवेट लिमिटेड की स्थापना की थी, एक नया अवसर प्रदान किया और उन्होंने 5 मई, 1993 को व्यावसायिक विमानन सेवाओं की शुरुआत की। जेट एयरवेज ने तब भारत में एकमात्र लाभदायक निजी स्वामित्व वाली एयरलाइन होने का दावा किया था। दरअसल,1992 के बाद से शुरू की गयी सात एयरलाइन्स में से पाँच ने 1997 तक अपनी उड़ानें बन्द कर दी थीं। खुली विमानन नीति के तहत जो 20 से अधिक एयरलाइन्स शुरू हुईं उनमें मुनाफे पर चल रही कुछ ही में से जेट एयरवेज एक थी।

22 मार्च, 2004 को भारत में जेट एयरवेज और प्रतिद्वन्द्वी निजी एयरलाइन्स को देश से बाहर उड़ान भरने की अनुमति दी गयी थी। जेट ने नये विमानों को वित्तपोषित करने के लिए 8000 लाख डालर उधार लिया था। अब जेट एयरवेज पूरे एशिया में उड़ान अधिकारों के विस्तार से लाभ उठाने के लिए तैयार था। श्रीलंका में कोलम्बो पहला अन्तरराष्ट्रीय गन्तव्य स्थल था। कुछ ही वर्षों में बाँग्लादेश और नेपाल की उड़ानें शुरु हुईं और शीघ्र ही जेट ने खुद को एक प्रमुख भारतीय खिलाड़ी के रूप में स्थापित कर लिया। उड़ान के दौरान सेवाओं की उत्कृष्टता के लिए जेट एयरवेज एक मिसाल बन गयी। जेट और एयर इण्डिया के अलावा, एयर सहारा केवल तीन भारतीय वाहकों में से एक थी, जो उस दौरान विदेशों में उड़ाने चला रही थी।

गोयल ने एक साल बाद 1,450 करोड़ रुपये में सहारा एयरलाइंस को खरीदकर जेट एयरवेज ने 2006 में विदेशों में उड़ने के लिए एकमात्र निजी भारतीय वाहक बनने की इच्छा पूरी की। लेकिन, सहारा के इस सौदे ने वित्तीय और प्रबन्धन दोनों ही मोर्चों पर जेट के संसाधनों को निचोड़ कर उसे संकटों के दौर में धकेल दिया।

संकट 1- 1900 कर्मचारी बर्खास्त

जेट को लगातार 2007-08 के बाद से लगातार नुकसान उठाना पड़ा। एशिया प्रशान्त उड्डयन केन्द्र (सी.ए.पी.ए.) के भारत के प्रमुख ने कहा कि, ''सहारा खरीदना एक बड़ी सामरिक गलती थी। यह समय था जब जेट अन्तरराष्ट्रीय स्तर पर आक्रामक रूप से बढ़ रहा था और स्थानीय बाजार में भारी प्रतिस्पर्द्धा का सामना कर रहा था।'' जेट में असली परेशानी का पहला संकेत 2008 में नजर आया जब गोयल ने कट्टर प्रतिद्वंद्वी विजय माल्या के किंगफिशर के साथ परिचालन का एक करार किया।

इस कदम के बाद जेट ने अक्टूबर 2008 में 1,900 केबिन क्रू के सदस्यों, सभी श्रेणियों और विभागों के सभी परिवीक्षाधीन और अस्थायी श्रमिकों को नौकरी से हटा दिया। जेट एयरवेज के सी.ई.ओ. वोल्फगैंग प्रॉक स्केयू और कार्यकारी निदेशक बी सरोज दत्ता ने मुम्बई में एक प्रेस कॉन्फ्रेन्स आयोजित कर कर्मचारियों की सेवाओं को खत्म करने के कम्पनी के फैसले की व्याख्या की। इसके परिणामस्वरूप न केवल कर्मचारियों से बल्कि सरकार, राजनीतिक दलों और विनियामक निकायों की ओर से भी गम्भीर प्रतिक्रिया हुई, जिन्होंने एयरलाइंस को बर्खास्त लोगों को वापस लेने के लिए मजबूर किया। कई लोगों ने बर्खास्तगी के तरीके को लेकर जेट की भर्त्सना की --- कर्मचारी दफ्तर जाने के लिये वाहन का इंतजार कर रहे थे जो नहीं आया। उनमें से कुछ स्वयं के इन्तजाम से हवाई अड्डे पर पहुँचे तो उन्होंने पाया कि उनकी नौकरी खतरे में थी।

1900 कर्मचारियों का पुनर्स्थापन-

जेट एयरवेज के चेयरमैन नरेश गोयल ने देर रात एक नाटकीय संवाददाता सम्मेलन में कहा कि उनकी एयरलाइन हटाये गये 1,900 कर्मचारियों में से हर एक को वापस ले लेगी क्योंकि वे कर्मचारियों के दर्द को समझते हैं और 'शान्ति से सो नहीं सके'। गोयल ने कहा, "मैं उस सारी पीड़ा के लिए माफी चाहता हूँ जिससे आप गुजरे।"

"जब यह निर्णय लिया गया था तब मैं वहाँ नहीं था। मुझे बाद में इसके बारे में पता चला। मैं कल सुबह से काम शुरू करने के लिए आप सभी को अनुरोध करता हूँ। गोयल ने भावुक होकर कहा कि उनकी अन्तरात्मा आर्थिक कारणों की खातिर कर्मचारियों को बर्खास्त करने की अनुमति नहीं देती। मैं कुछ कर्मियों के आंसू देखकर व्यथित हो गया। मैं आप सभी को नाखुश नहीं देख सकता। कार्यकर्त्ता मेरे परिवार के सदस्यों की तरह हैं यह परिवार के पिता के रूप में मेरा व्यक्तिगत निर्णय है।"

कम्पनी ने पहले कहा था कि घाटे में कटौती करने के लिए कर्मचारियों को हटाने का फैसला मजबूरन लिया गया था, लेकिन गोयल ने दावा किया कि जेट वरिष्ठ प्रबन्धन ने छँटनी के आदेश देने से पहले उनसे मशविरा नहीं किया था। यह बयान लोगों के लिए विरोधाभासी था और कुछ विश्लेषकों को इससे हैरानी हुई। विशेषज्ञों का मानना है कि गोयल ने बाहरी लोगों के दबाव में छँटनी के फैसले को रद्द किया था, जबकि अन्य लोगों का मानना था कि जेट का संगठनात्मक संचारतन्त्र लचर है।

जनसम्पर्क त्रासदी

छँटनी और फिर पुनर्स्थापना के इस तमाशे ने कर्मचारियों के बीच असुरक्षा पैदा कर दी। "जेट एयरवेज के 1,900 कर्मचारियों की बर्खास्तगी और पुनर्स्थापना की यह अभूतपूर्व घटना मानव संसाधन प्रबन्धन और जनसम्पर्क की त्रासदी तो थी, परन्तु जो कुछ भी हुआ, उसके व्यापक निहितार्थ भी विचार योग्य हैं। बात सिर्फ इतनी-सी नहीं थी कि भारत की सबसे सफल एयरलाइन के अध्यक्ष एक लतीफा बनकर रह गये बल्कि यह भी कि वे घटना के बारे में कितना जानते थे, कब से जानते थे और किसने सारा घपला किया। यह कहना था बिजनेस स्टैण्डर्ड की स्तम्भकार अंजली भार्गव का।

"कर्मचारियों की यह छँटनी पूरी तरह से गैर-कानूनी थी। इसके लिए न कोई सूचना दी गयी थी न 1900 कर्मचारियों को हटाने के लिये सरकार से अनुमति ली गयी थी। शायद उन्हें खुद की गलती का एहसास हो गया था और इसलिए इन कर्मचारियों को वापस लेने का फैसला किया गया। मामला अदालत में गया होता तो फैसला खिलाफ ही जाता।' ऐसा विचार था श्रम वकील आनन्द पुजारी का।

संकट 2- दो वरिष्ठ पायलटों की बर्खास्तगी और पायलटों का विद्रोह

जुलाई 2009 को जेट एयरवेज के दो वरिष्ठ पायलटों को बर्खास्त कर दिया गया। उन्हें एक लाइन का ई-मेल भेजकर यह बताया गया कि उनकी सेवाओं को तत्काल प्रभाव से समाप्त कर दिया गया था। इसके लिए कोई कारण नहीं बताया गया था। जेट के कार्यकारी निदेशक सरोज दत्ता ने कहा कि पायलटों को बर्खास्त करने का कारण आन्तरिक अनुशासनात्मक मुद्दे थे और पायलटों को बर्खास्त करने से पहले वकील से परामर्श किया गया था। उन्होंने कहा कि पायलट प्रबन्धन के साथ बातचीत करने का कोई प्रयास किये बिना बड़े पैमाने पर छुट्टी पर चले गये थे और इससे परिचालन में बाधा उत्पन्न हुई और जेट को भारी नुकसान हुआ।

उधर पायलटों का कहना था कि उनकी अपीलें अनसुनी रहीं और प्रबन्धन ने चर्चा और अभ्यावेदन के उनके अनुरोध पर ध्यान नहीं दिया। दूसरी तरफ प्रबन्धन ने आरोप लगाया कि दो कप्तानों ने यूनियन सदस्यता फॉर्म पर हस्ताक्षर करने के लिए अनेक पायलटों पर दबाव डाला था।

नेशनल एविएटर्स गिल्ड (एन.ये.जी.) का गठन

एयरलाइन के पायलटों की कोई यूनियन नहीं थी और अनुबन्धित कर्मचारियों को किसी भी समय बाहर का दरवाजा दिखाया जा सकता था। दो वरिष्ठ पायलटों की बर्खास्तगी के बाद एन.ये.जी. की स्थापना हुई। नैशनल एविएटर्स गिल्ड क्षेत्रीय श्रम आयुक्त के पास 24 जुलाई, 2009 को पंजीकृत हुआ। कैप्टन सैम थॉमस और उनके सहयोगियों में से एक ने संघ के गठन में महत्त्वपूर्ण भूमिका निभायी। दो बचे

हुए पायलटों ने नवगठित गिल्ड के पदाधिकारियों का पद सम्भाला था। एनयेजी ने 24 अगस्त, 2009 को एक हड़ताल की सूचना जारी कर दी। एन.ये.जी. के संयुक्त सचिव थॉमस ने कहा, किसी भी कर्मचारी को बर्खास्तगी से पहले एक स्पष्टीकरण का हक है जो उन्हें अपनी छँटनी के समय नहीं दिया गया था।

एक यूनियन बनाने का अधिकार (भारत सहित) किसी भी समाजवादी राज्य के नागरिक को है और संविधान के अलावाय इसे ट्रेड यूनियन अधिनियम, 1926 में भी संहिताबद्ध किया गया है। महत्त्वपूर्ण मुद्दा यह है कि यह 'कर्मियों' के बजाय 'कर्मचारी' शब्द का उपयोग करता है। 1995 में, तिरुमला तिरुपति देवस्थानम में श्रमिक विवाद पर सुप्रीम कोर्ट ने कहा था कि कर्मचारियों के किसी भी समूह को ट्रेड यूनियन अधिनियम के तहत एक संघ बनाने का अधिकार है, केवल उसे पंजीकृत होना चाहिए।

इधर जेट प्रबन्धन ने बॉम्बे हाईकोर्ट से एकपक्षीय आदेश प्राप्त किया, जिसमें एन.ये.जी. की हडताल पर रोक लगाई गयी थी। इसके अलावा यह कहा गया कि क्योंकि विवाद श्रम आयुक्त के समक्ष लम्बित था उसीके माध्यम से यथाशीघ्र सुलझाया जाये।

यह अफवाह जोर पर थी कि केन्द्र आवश्यक सेवाएँ रखरखाव अधिनियम (ए.एस.एम.ए.) को लागू करने की योजना बना रहा था—दुर्लभ स्थिति में इस्तेमाल किया जानेवाला यह कानून पायलटों को उड़ान भरने के लिए मजबूर करता या फिर उन पर आपराधिक मुकदमा चलता। यह भी बताया गया कि केन्द्र और डी.जी.सी.ए., औद्योगिक विवाद अधिनियम, 1947 में संशोधन कर कर्मियों की परिभाषा से एयरलाइन पायलटों को हटाने पर विचार कर रहे थे। इससे यह सुनिश्चित होता कि वे कानूनी रूप से संघों का निर्माण नहीं कर सकते और न हडताल कर सकते।

चर्चा और वार्त्ता

पायलटों और प्रबन्धन के बीच हुई बातचीत संकट को हल करने में विफल रही और गतिरोध जारी रहा। हड़ताली पायलटों ने लगातार अपने बर्खास्त सहयोगियों के पुनर्स्थापन की माँग की। केन्द्रीय श्रम आयुक्त ने मुम्बई में दो पार्टियों के बीच मध्यस्थता की, जहाँ दो वरिष्ठ पायलटों को बर्खास्त करने का मामला लम्बित था। पायलटों का कहना था कि वे तब तक काम पर वापस नहीं आयेंगे जब तक प्रबन्धन उनके बर्खास्त सहयोगियों को बहाल नही करता। चार-दिवसीय हड़ताल के चलते करीब 700 उड़ानों को रद्द कर दिया गया जिससे 28,000 से अधिक यात्रियों को परेशानी का सामना करना पड़ा।

चौथे दिन भी, दोनों गुटों के बीच हुई चर्चा अनिर्णायक रही। गतिरोध समाप्त करने के लिए समझौता वार्ता मुख्य श्रम आयुक्त एस के उपाध्याय के समक्ष दिल्ली में स्थानान्तरित कर दी गयी ताकि देश भर में गम्भीर रूप से बाधित उड़ानों को शुरू किया जा सके। लेकिन इस बैठक में वान्छित परिणाम नहीं निकला और प्रबन्धन को दो पायलटों को बर्खास्त करने के लिए 7 सितम्बर तक कारण बताने को कहा गया। वे पालन नहीं कर पाये और श्रम आयुक्त ने 14 सितम्बर को अगली बैठक तय की।

कुछ दिन बाद जेट ने कुछ और वरिष्ठ कप्तानों की सेवाओं को समाप्त कर दिया और 9 सितम्बर, 200 9 को मुम्बई उच्च न्यायालय से अवमानना का आदेश भी प्राप्त किया। इस कदम ने पायलटों को सहयोगियों के समर्थन में और दृढ़ रूप से ला खड़ा किया।

गोयल ने पायलटों के बर्खास्त सहयोगियों को आतंकवादियों के तौर पर उल्लिखित करके और भी नाराज कर दिया। गोयल का कहना था कि पायलट देश को बंधक बनाये हुए थे और वे स्थिति से निपटने के लिए विदेशी पायलटों को लाएंगे।

मैं बैठक में पायलटों से बात करने के लिए उपलब्ध हूँ। मैं उनसे मिलने को लेकर बहुत खुश हूं, लेकिन वे यात्रियों को परेशान नहीं कर सकते। 'हम ऐसे ब्लैकमेल को बर्दाश्त नहीं करेंगे। जेट एयरवेज के 30,000 से ज्यादा कर्मचारियों की आजीविका दाँव पर है।'

एन.ये.जी. ने 7 सितम्बर को हड़ताल की नोटिस वापस ले ली लेकिन सदस्य उत्तेजित थे कि दोनों पायलटों को पुनर्स्थापित नहीं किया गया था।

उनमें से 300 से अधिक ने बीमारी की छुट्टी की सूचना दी। पायलट संघ की एकमात्र माँग दो पायलटों को बहाल करना था। इसके विपरीत प्रबन्धन ने नामी वकीलों का एक दल खडा कर उच्च न्यायालय से स्थगन आदेश प्राप्त कर लिया।

इस बीच, हवाई यात्री परेशानी का सामना कर रहे थे क्योंकि एयरलाइन ने 21 अन्तरराष्ट्रीय उड़ानों सहित 200 उड़ानें रद्द कर दी थीं। एयरलाइनों ने अपने कम लागत वाली जेटलाइट सेवा में यात्रियों को समायोजित करने की कोशिश की। जेटलाइट के साथ एयरलाइंस मैनेजमेण्ट ने 12 जेट उड़ानों का प्रबन्ध किया।

एनयेजी ने उसी समय जेट एयरवेज के विदेशी पायलटों की भर्ती के निर्णय के विरुद्ध चेन्नयी उच्च न्यायालय में याचिका दायर की थी। 10 सितम्बर को, चेन्नयी हाईकोर्ट में एक सार्वजनिक हित का मामला दर्ज किया गया, जिसमें विदेशी पायलटों के लिए परमिट जारी करने की प्रक्रिया में उड़ान सुरक्षा के मुद्दों पर आशंका व्यक्त की।

ग्राहक संवाद

जेट एयरवेज ने पायलटों के विरोध के कारण यात्रियों को हो रही असुविधा को कम करने के प्रयास किये। स्थिति से निपटने के लिए, एयरलाइन ने प्रबन्ध पर लगातार निगरानी रखने के लिए एक संकट-प्रबन्धन केन्द्र स्थापित किया। संकट केन्द्र पर, नियोजन, राजस्व प्रबन्धन और जनसम्पर्क से 15 कर्मियों की एक टीम ने विभिन्न उड़ानों को फिर से शुरू करने और स्थिति की निगरानी करने के लिए चौबीसों घण्टे काम किया। जेट एयरवेज के चीफ कॉमर्शियल ऑफिसर सुधीर राघवन ने कहा कि एयरलाइन ने अन्य विमान सेवाओं की उड़ानों पर 80 प्रतिशत फँसे यात्रियों को समायोजित कर दिया, जबकि शेष बचे लोगों का किराया वापस दे दिया।

प्रबन्धन के निर्णय से दो पायलटों को वापस लेने से इंकार की कीमत लगभग 15 करोड़ रुपये प्रति दिन पड़ रही थी। जेट एयरवेज के प्रबन्धन और एन.ये.जी. के पायलटों के बीच नौ घण्टे की एक और लम्बी बातचीत फिर से गतिरोध में समाप्त हुई जिसके बाद प्रबन्धन ने चार बर्खास्त पायलटों को बहाल करने के लिए सहमति दे दी लेकिन एक कठोर शर्त के साथ- कर्मचारी संघ को भंग करके और एक अन्य संगठन बनायें। प्रबन्धन का प्रस्ताव पायलटों को स्वीकार्य नहीं था। पायलट यूनियन के सदस्यों ने शाम को देर से प्रस्ताव पर चर्चा करने के लिए एक समझौता किया, लेकिन एयरलाइन को 36 अन्तरराष्ट्रीय उड़ानों और 74 अन्तरराष्ट्रीय उड़ानों को संचालित करने के लिए 21 अन्तरराष्ट्रीय उड़ानों सहित 281 उड़ानों को रद्द करना पड़ा।

आखिरकार, कांग्रेस नेता संजय निरुपम, पायलटों के प्रतिनिधियों और जेट एयरवेज के चेयरमैन नरेश गोयल के बीच देर रात एक मसौदा तैयार किया गया था। प्रबन्धन इस शर्त पर बर्खास्त पायलटों को बहाल करने पर सहमत हुए कि संघ बनाने की उपयुक्तता पर पुनर्विचार होगा। इससे पहले शाम को मुम्बई में होटल अतिथि में जेट एयरवेज के प्रबन्धन के साथ मुलाकात के बाद, एन.ये.जी. के अध्यक्ष गिरीश कौशिक और पायलटों के मुख्य वार्त्ताकार ने कहा था, 'मैं भगवान से प्रार्थना करूँगा कि हम आज ही उड़ान शुरू करें।'

इस तरह के मामलों को सुनने के लिए दोनों पायलटों और प्रशासन के सदस्यों की शिकायत समिति के गठन के साथ वार्त्ता समाप्त हुई। समझौते के तहत, पायलटों ने तत्काल प्रभाव से ड्यूटी पर लौटने का फैसला किया। यह निर्णय लिया गया कि पायलटों और प्रबन्धन के बीच समन्वय के लिए एक समिति का गठन किया जायेगा जो केन्द्रीय श्रम आयुक्त के अधीन काम करेगी। जेट एयरवेज की

सामान्य उड़ान संचालन रविवार को शुरू हो गयी जब एयरलाइन के पायलटों ने प्रबन्धन के साथ सफल वार्ता के बाद शनिवार को आन्दोलन खत्म करने का फैसला किया। जेट एयरवेज के ग्राउण्ड स्टाफ ने 11 सितम्बर 2009 को मुम्बई में हवाई अड्डे पर यात्रियों को सद्भावना संकेत के रूप में प्रबन्धन की ओर से पीले गुलाब प्रस्तुत किये।

नरेश गोयल ने जल्दबाजी में आयोजित एक प्रेस कॉन्फ्रेन्स में घोषणा की, "मैं इन सभी युवा लड़कों और लड़कियों को देख नहीं सकता था, जिन्हें नौकरी से हटा दिया गया था। मैंने अपनी अन्तरात्मा की वजह से यह निर्णय लिया। किसी भी राजनीतिक दबाव के जवाब में नहीं।"

ध्यान दें

इस केस स्टडी का परीक्षण संस्करण 2010 में आई.एम.टी., नागपुर द्वारा आयोजित केस लेखन सम्मेलन में प्रस्तुत किया गया था। यह जर्नल ऑफ केस रिसर्च वॉल्यूम 2 अंक 02 में प्रकाशित हुआ था। पायल मेहरा, प्रोफ़ेसर, भारतीय प्रबन्धन संस्थान, लखनऊ द्वारा एक शीर्षक के साथ ''संकट और एक व्यापारिक नेता की भूमिका में संचार–जेट एयरवेज का मामला।''

केस स्टडी- 4

प्रबन्धन-कर्मचारी सम्बन्धी अध्ययन

यह जरूरी है कि प्रबन्धन और कर्मचारियों के बीच मधुर सम्बन्ध रहें। प्रबन्धन और कर्मचारियों के मध्य स्थायी और दीर्घजीवी सम्बन्धों के निर्वहण में जनसंचार की महत्त्वपूर्ण भूमिका होती है। इस अध्ययन में हम देखेंगे कि किसी भी संगठन में कार्मिक और जनसंचार विभागों की क्या भूमिका होती है। प्रबन्धन तथा कर्मचारियों या श्रमिकों के मध्य परस्पर संवाद कायम करने की क्या तकनीक होती है। वस्तुतः ये दोनों एक-दूसरे से घनिष्ठ सम्पर्क रखते हुए परिपूरक की भूमिका का निर्वहण करते हैं। यह एक ज्वलंत प्रश्न है कि श्रमिकों और प्रबन्धकों के मध्य संवाद सीधे या किसी मध्यस्थ के माध्यम से होना चाहिए या इसके लिए श्रम संगठनों को मध्यस्थ के रूप में अपनाना चाहिए या दोनों ही व्यवस्थाओं का उपयोग किया जाना चाहिए।

कारखाने में हड़ताल, तालाबन्दी या किसी गम्भीर विवाद की स्थिति में जनसंचारकर्मियों की भूमिका को सदैव स्वीकारा जाता रहा है और इसी पृष्ठभूमि में कतिपय उदाहरण और तत्सम्बन्धी अध्ययन, जिनमें कर्मचारी-नियोक्ता सम्बन्धों को दर्शाया गया हो, प्रस्तुत किये जाते हैं। भारत में कर्मचारियों की कुल संख्या सन 2003 के आंकड़ों के अनुसार लगभग 38 करोड़ आँकी गयी है। यह संख्या सन 1986 में 25 करोड़ थी। इस संख्या में 58 प्रतिशत की दर से वृद्धि हो रही है। इस संख्या में कृषक, कृषि, मजदूर, संगठित क्षेत्र के मजदूर, सीमान्त मजदूर आदि सम्मिलित हैं, जिनकी संख्या कुल जनसंख्या का 36 प्रतिशत है। खदानों और कारखानों में काम करनेवालों की संख्या लगभग 90 लाख है। सन 1986 में संगठित क्षेत्र में लगभग 250 लाख मजदूरों को नियुक्त किया गया था, जो उस एक वर्ष की संख्या का 10 प्रतिशत है। प्रतिशत विभाजन में केन्द्र सरकार द्वारा नियुक्त श्रमिकों का 13.4, राज्य शासन का 25.9, अर्द्धशासकीय संगठनों का 22.7 और निजी संस्थाओं का 29.4 प्रतिशत बैठता है।

सन् 1961 से 1986 तक के आँकड़ों के अध्ययन से एक तथ्य उभरकर सामने आता है कि निजी क्षेत्र में कर्मचारियों/श्रमिकों की नियुक्ति का प्रतिशत लगातार

कम होता जा रहा है। सन् 1961 में यह संगठित क्षेत्र की नियुक्ति का कुल 47 प्रतिशत था, जबकि 1972 व 1981 में गिरकर यह क्रमशः 38 प्रतिशत व 32 प्रतिशत रह गया और तब से लगातार गिरता ही जा रहा है। संख्यामान की दृष्टि से यह सन् 1986 में सरकारी क्षेत्र में 176.78 लाख था, जबकि निजी क्षेत्र 73.57 लाख था।

स्वतत्रंता-प्राप्ति के पश्चात से अभी तक के दशकों में जनसंचार की दृष्टि से जो अधिक महत्त्वपूर्ण है, वह है श्रमिकों की योग्यता में उल्लेखनीय वृद्धि। स्वतन्त्रता पूर्व की सरकार द्वारा औद्योगिक विकास को कोई प्रोत्साहन नहीं दिया गया था, फलतः देश में कच्चे माल की प्रचुरता भी उद्योगों को स्थापित करने हेतु सक्षम नहीं बन सकी थी, जबकि स्वातंत्र्य काल में इसमें पर्याप्त वृद्धि हुई। फिर भी एक तथ्य बहुत ही महत्त्वपूर्ण है कि पूर्व सरकार ने रेलवे और उससे जुड़े उद्योगों–कोयला खनन, जूट एवं वस्त्र उद्योगों को उन्नीसवीं सदी के मध्य से स्थापित करना प्रारम्भ कर दिया था। लगभग उसी समय देश में चाय बागानों और तत्सम्बन्धी उद्योगों की भी स्थापना हुई थी, इसमें सम्भवतः उस सरकार का कुछ निहित स्वार्थ था। इन सब क्षेत्रों में भारतीय मजदूर पश्चिमी देशों की भाँति, नगर निकायों से न आकर परम्परागत ग्रामीण इकायों से, वह भी अपेक्षाकृत निम्न वर्ग से, कुशल श्रमिकों के रूप में आये थे।

श्रम संगठन

स्वतन्त्रता-प्राप्ति के उपरांत एक और व्यापक परिवर्तन मजदूर वर्गों में दिखायी देता है कि उनमें शिक्षा, साक्षरता और अधिकारों के प्रति सजगता में वृद्धि हुई है। वे अपेक्षाकृत एक स्थिर श्रम-शक्ति के रूप में विकसित हुए, परिणामस्वरूप सशक्त श्रम संगठनों का उद्भव हुआ। सांसद और राज्य विधान परिषदों ने भी उनके अधिकारों की रक्षा के लिए विधान पारित किये, जिससे श्रमिकों के वेतन, काम के घण्टे, सुरक्षा की दृष्टि से काम की दशाएँ आदि को पर्याप्त संरक्षण प्राप्त हुआ। इतना सब होते हुए भी कतिपय क्षेत्रों, जैसे खनन, जूट, पौधारोपण, पुराने वस्त्र उद्योगों आदि में पूर्व में चली आ रही विषमताओं को मिटाया नहीं जा सका। फलतः उनमें लगे श्रमिकों की दशा अभी भी शोचनीय है। शैक्षिक स्तर भी निम्न है, जबकि अन्य क्षेत्रों में शिक्षा, तकनीकी शिक्षा आदि में श्रमिकों ने पर्याप्त उन्नति की है।

भारत में श्रम संगठन गतिविधि में भी हम भूतकाल से चली आ रही विरासत की काली छाया के स्पष्ट दर्शन करते हैं। श्रम संगठनों की गतिविधियों के संचालन में बाहरी हस्तक्षेप सामान्य बात है और कहीं-कहीं तो वे उन पर हावी हैं। श्रम संगठनों की अधिकता और एक ही संगठन में फिरकापरस्ती भी उसी विरासत का

परिणाम है। भारत में प्रत्येक श्रम संगठन प्रायः किसी-न-किसी राजनीतिक दल से संबद्ध है। उनके आपसी झगड़े और परस्पर बँटे रहने के करण ही राजनीतिक दल उन पर दादागिरी चला रहे हैं।

स्वास्थ्य सम्बन्ध

यह औद्योगिकी प्रगति के लिए आधारशिला है। हम जानते हैं कि श्रम संगठनों की बहुलता उनमें प्रतिद्वन्द्विता को जन्म देती है, जो श्रमिकों और प्रबन्धन के मध्य परस्पर सौदेबाजी और समझौतों की प्रक्रिया में बाधक होती है। प्रबन्धन और श्रम संगठनों के बीच स्वास्थ्य सम्बन्ध वस्तुतः औद्योगिक समाज की मूलभूत वांछित अनिवार्यता है, जिसके स्थापित होने से चहुँओर सुख-समृद्धि देखी जा सकती है और न होने पर अशान्ति व विग्रह के स्पष्ट दर्शन होते हैं। खेद है कि अभी कुछ वर्षों तक देश के औद्योगिक जगत् में यह सब-कुछ यों ही चलता रहेगा।

इसे हम विडम्बना ही कहेंगे कि आज विश्व में प्रबन्धन और तकनीकी शिक्षा के क्षेत्र में पर्याप्त सुधार के उपरान्त भी प्रबन्धन और कर्मचारियों के मध्य परस्पर समझ-बूझ तथा सार्थक संवाद स्थापित करने में बहुत-सी कठिनाइयों का सामना करना पड़ता है। इसका प्रमुख कारण्ण जहाँ एक ओर पारम्परिक रूप से चला आ रहा विरासती रूप है, वहीं दूसरी ओर सदियों से चली आ रही जाति और वर्ग-भेद की लोक-परम्परा भी है।

इन सबका सम्मिलित परिणाम यह है कि आधुनिक व्यापार और वाणिज्य में जिस औद्योगिक संस्कृति की आवश्यकता है वह पनप नहीं पा रही है। किसी भी संगठन को सुचारू रूप से चलाने के लिए प्रबन्धन और श्रमिकों के मध्य मधुर सम्बन्धों का होना न केवल महत्त्वपूर्ण है, अपितु अनिवार्य भी है। किसी भी उद्योग में दिन-प्रतिदिन की गतिविधियों में बहुत ही जटिल कार्य-कलापों का निर्वहण करना होता है, जिनमें प्रमुख हैं—श्रमिक संगठनों से संवाद, समझौतों की रूपरेखा, उत्पादकता के मानदंडों का निर्धारण, वेतन नीति, आधार तथा वैधानिक उपबन्धों का परिपालन आदि। इस काम को देखने के लिए संगठनों में प्रायः एक पूर्णकालिक विभाग ही होता है, जिसे कार्मिक विभाग के नाम से जाना जाता है।

जनसंचार एवं सम्बन्ध

इसके साथ ही विभागों में मानव संसाधन और जनसंचार विभाग भी होते हैं तथा इनका काम भी अन्य विभागों, यथा—वित्त, प्रशासन, वाणिज्य आदि की तरह ही प्रबन्धन के हाथ मजबूत करना है। यद्यपि कार्मिक, मानव संसाधन और जनसंचार विभाग के अपने-अपने स्वतन्त्र कार्यक्षेत्र हैं, फिर भी कतिपय दशाओं में इन्हें एक

जैसा ही काम करना पड़ता है, विशेषतः संघर्ष और विरोध की स्थिति में। जहाँ कार्मिक विभाग का उत्तरदायित्व औद्योगिक सम्बन्धों को सुमधुर और सुचारू बनाये रखना है, वहीं जनसंचार विभाग का काम ऐसे सौहार्दपूर्ण वातावरण की सृष्टि करना है जो औद्योगिक सम्बन्धों में दरार नहीं पड़ने दे, और यदि संघर्ष की स्थिति उत्पन्न हो गयी हो तो पुनः अपने पूर्व सुमधुर स्निग्ध रूप में लाने के लिए मध्यस्थ और सलाहकार की भूमिका निभाये।

जनसंचार कर्मियों या विभाग के लिए यह अनिवार्य है कि वे कर्मचारियों का विश्वास प्राप्त करें। कर्मचारियों को सदैव ऐसा लगना चाहिए कि जनसंचार विभाग द्वारा दी जानेवाली सूचनाएँ विश्वसनीय हैं।

कर्मचारियों में संगठन के प्रति लगाव की भावना को पनपाने और उसे बनाये रखने का उत्तरदायित्व भी जनसंचार विभाग का ही है। आज का कर्मचारी पढ़ा लिखा और सामाजिक, आर्थिक एवं राजनीतिक दृष्टि से सजग है। जनसंचार कर्मियों का काम कर्मचारियों को लगातार उद्योग के विकास की प्रामाणिक सूचना देते रहना है तथा समय-समय पर आनेवाले कठिनाइयों के प्रति उनका रुख प्रतिभागी का हो, ऐसा वातावरण निर्मित करते रहना है। यहाँ विशेष रूप से ध्यान में रखना चाहिए कि वे कर्मचारी, जिन्हें सदैव विश्वास में रखा गया हो, समय आने पर अपनी जिम्मेदारी का कुशलतापूर्वक निर्वहन करते हों।

अतः संवाद-क्रम का सतत बने रहना किसी भी जनसंचार गतिविधि के लिए वह कुंजी है जो सम्बन्धित संगठन को सफलता के सोपान तक ले जाती है। इसके लिए प्रायः निम्नलिखित साधनों को प्रयोग में लाया जाता है–

1. गृह पत्रिका

1.1 इसके माध्यम से कर्मचारियों को यह सूचित करने में आसानी होती है कि संगठन में क्या हो रहा है, इसकी क्या प्रगति हुई है और भविष्य में कर्मचारियों के लाभ को लेकर इसकी क्या योजनाएँ हैं?

1.2 इसके माध्यम से कर्मचारी क्या कर रहे हैं, उनकी क्या उपलब्धियाँ हैं और किन प्रमुख समस्याओं का वे सामना कर रहे हैं, की विस्तृत और सार्थक चर्चा करना आसान हो जाता है।

1.3 गृह पत्रिकाएँ, प्रबन्धन के स्तर के चिन्तन, संगठन व कर्मचारियों के हित के विषय पर उसका अभिमत दर्शाती हैं। ऐसा करते हुए ये पत्रिकाएँ कर्मचारियों को अपने विचार अभिव्यक्त करने, सुझाव देने, समस्याओं को उठाने, प्रश्न पूछने और उनका समाधान ढूँढ़ने तथा यदि आवश्यक हो तो आलोचना-प्रत्यालोचना करने में भी सहायक होती हैं।

2. अन्य माध्यम

गृह पत्रिका के साथ अन्य सूचना माध्यमों, जैसे—नोटिस बोर्ड, पोस्टर, व्यक्तिगत सम्पर्क, समूह बैठकमें और अनेकानेक श्रव्य-दृश्य साधनों का प्रयोग भी सामान्यतः समयोचित आवश्यकतानुसार किया जाता है।

आजकल कम्पनियों ने संवाद के लिए उन्नत तकनीकी साधनों जैसे आन्तरिक सार्वजनिक सूचना-तन्त्र, केबल टेलीविजन और वीडियो आदि का उपयोग भी बहुतायत से किया जाता है।

वस्तुतः कर्मचारियों से संवाद के लिए सभी रास्ते खुले रहने चाहिए। विकास सम्बन्धी सूचनाएँ प्रतिदिन फैक्टरी के गेट पर भी बोर्डों (पट्टों) पर लगायी जा सकती हैं। इन्हें फैक्टरी में उन स्थानों पर भी दर्शाया जा सकता है, जहाँ कर्मचारी एकत्रित होते हैं। कम्पनी के प्रवक्ताओं को भी कर्मचारियों से विशेष रूप से घुल-मिलकर चर्चा-परिचर्चा करनी चाहिए तथा कम्पनी से सबंधित तथ्य भी उन्हें बतलाने चाहिए। आजकल श्रेष्ठ कम्पनियाँ अपने कर्मचारियों के निवास के पते भी रखती हैं ताकि आवश्यकता पड़ने पर उनसे सम्पर्क किया जा सके या सूचना भेजी जा सके।

संकटकाल में कर्मचारियों को सूचना देने के लिए प्रेस का उपयोग भी किया जाता है, अतः जनसंचार कर्मियों को उनसे घनिष्ठ सम्पर्क बनाये रखना चाहिए। यह सदैव ध्यान में रखना चाहिए कि हड़ताल, तालाबन्दी या ऐसी ही किसी संकट की स्थिति में प्रेस-मीडिया संवाद का प्रमुख माध्यम होता है। इसके माध्यम से जनसंचार कर्मी न केवल बाह्य जनों से संवाद कर सकते हैं, अपितु अपने कर्मचारियों से तादात्म्य भी स्थापित कर सकते हैं।

जनसंचार विभाग को प्रकाशित होनेवाली सभी सामग्री का तटस्थ भाव से अध्ययन करते रहना चाहिए तथा समय-समय पर आवश्यकतानुसार समुचित खण्डन भी करते रहना चाहिए। ऐसा करते समय यह ध्यान में रखना चाहिए कि खण्डन निन्दात्मक न हो, क्योंकि आत्मसंयम जनसाधारण की सहानुभूति जुटाने में प्रायः मददगार होता है। कुछ कम्पनियाँ अपना दृष्टिकोण प्रस्तुत करने के लिए प्रेस विज्ञप्तियाँ और विज्ञापन देती हैं। ऐसा करना सदैव ही हितकारी होगा, कहा नहीं जा सकता, अतः इन विज्ञापनों और विज्ञप्तियों से परहेज करना चाहिए। यदि कम्पनी का पक्ष सत्य का हो तो प्रेस स्वतः ही आगे आकर अपने तरीके से नियमित समाचारों या सम्पादकीय के माध्यम से उसका प्रकाशन करता है। पैसे देकर छपवाये गये विज्ञापन कर्मचारियों के मन में इस बात को लेकर खटास पैदा करते हैं कि कम्पनी पैसों के बल पर यह सब कुछ करवा रही है। इससे जनसाधारण में भी आक्रोश की भावना पनपती है। हड़ताल की स्थिति में जनसंचार तकनीकों का सहारा लेना पड़ता है, यह निम्नलिखित उदाहरण में दर्शाया गया है।

श्रमिक संगठनों का आन्तरिक संघर्ष

एक बहुराष्ट्रीय कम्पनी, जिसका मुख्यालय कलकत्ता में है, को एक श्रमिक संगठन के दो घटकों के बीच संगठन पर कब्जे को लेकर संघर्ष चल रहा था। एक घटक का संगठन पर पिछले कई वर्षों से प्रभुत्व चला आ रहा था, जबकि दूसरे घटक का प्रभाव भी कतिपय कारणों से बढ़ रहा था। इन घटकों के बीच कुछ झड़पें भी हुईं, परिणामस्वरूप सम्प्रभु घटक ने उन इकाइयों में, जिनमें उसका बोलबाला था, हड़ताल का आह्वान कर दिया। इस घटक की कम्पनी से कोई विशेष माँग नहीं थी, किन्तु दूसरे विरोधी घटक के सदस्यों पर कम्पनी दण्डात्मक कार्रवाई करे, यह दबाव था। कुछ दिनों बाद दूसरे घटक ने भी अपने प्रभाव की इकाइयों में हड़ताल करवा दी, परिणामस्वरूप कम्पनी की सभी इकाइयाँ, जो स्वस्थ और प्रतिरक्षा की सामग्री का उत्पादन करती थीं, बन्द हो गयीं। इस विषम परिस्थिति में सरकार से सहयोग की आशा भी नहीं थी, क्योंकि सरकार भी इनमें से एक घटक को परोक्ष समर्थन दे रही थी।

रणनीति

कम्पनी के उच्च प्रबन्धन ने अपनी एक बैठक में यह निर्णय लिया कि जनसंचार विभाग इस विषम स्थिति से निपटने के लिए अपनी भूमिका का निर्वाह करे, साथ ही यह सुझाव दिया कि समाचार-पत्र माध्यमों से जनसाधारण में जागृति पैदा की जाये और इस प्रकार यूनियन के घटकों पर दबाव बनाया जाये कि वे हड़ताल वापस लें। हड़ताल के कुछ दिनों के उपरान्त स्वास्थ्य और प्रतिरक्षा से सम्बन्धित सामग्री का अभाव भी अनुभव किया जाने लगा। इधर जनसंचार विभाग भी प्रतिदिन इसकी प्रेस रिलीज देने लगा कि किस प्रकार हड़ताल से सामान्य-जन को हानि हो रही है तथा हड़ताल करनेवाले घटकों की कोई वेतन-वृद्धि आदि की जायज माँगें भी नहीं हैं, अपितु दो घटकों के मध्यम यूनियन पर कब्जे को लेकर उपजे संघर्ष के कारण हड़ताल थोपी गयी है। पत्रकारों और सम्पादकों के साथ बैठक का आयोजन किया गया और इस प्रकार जनसंचार गतिविधियाँ मीडिया का समर्थन जुटाने में सफल हो सकीं, परिणामस्वरूप समाचार-पत्रों में समर्थनात्मक स्टोरियाँ, फीचर आर्टिकल्स और सम्पादकीय प्रकाशित हुए। इन सबसे यूनियनों के उद्देश्यों का पर्दाफाश हुआ जो अपनी-अपनी स्वार्थ-सिद्धि के लिए सामान्य जन के हितों को क्षति पहुँचा रहे थे।

फलतः इस प्रकार जनमत के दबाव के कारण बिना किसी शर्त के हड़ताल वापस हुई और इस क्षेत्र में जनसंचार विभाग द्वारा किये गये कार्य की कम्पनी, बाहर जनता और मीडिया में सर्वत्र सराहना हुई।

सुरक्षा जागरूकता की जरूरत

उद्योगों में सुरक्षा के प्रति जागरूकता के लिए कर्मचारियों को सहभागी बनाना अनेक कारणों से सुखद परिणाम देता है। एक कम्पनी में, जहाँ हानिकारक विषैले रसायनों का प्रयोग होता था, कर्मचारियों में विशेष जागरूकता की आवश्यकता अनुभव की गयी। उस कम्पनी में ऐसा नहीं था कि सामान्य सुरक्षा रसायनों के सतत प्रयोग के कारण यह बात स्पष्ट अनुभव की गयी कि इन विषैले रसायनों से सुरक्षा के प्रति विशेष जागरूकता आवश्यक है, अतः यह अभिान संचालित किया गया।

अच्छी कार्यनीति

इस अभियान को चलाने के लिए किसी व्यावसायिक संस्था को बुलाने के स्थान पर यह निर्णय लिया गया कि पोस्टर आदि बनाने के लिए कम्पनी के कर्मचारियों की प्रतिभा का ही उपयोग किया जाये। इसके लिए गृह पत्रिका में एक सुरक्षा पोस्टर प्रतियोगिता की घोषणा की गयी तथा उत्कृष्ट पोस्टर पर पुरस्कार भी रखे गये। कम्पनी की देश-भर में फैली सभी इकाइयों से बहुत से पोस्टर प्राप्त हुए। प्रतियोगिता में भाग लेने की तैयारी करने के कारण कर्मचारियों में सुरक्षा के प्रति विशेष अभिरुचि पैदा हुई। सर्वश्रेष्ठ तीन पोस्टरों को पुरस्कार दिया गया तथा जो प्रशंसा के योगय थे, उन्हें सांत्वना पुरस्कार दिया गया। इसके चयन के लिए बाहर के निर्णायक मण्डल को नियुक्त किया गया था। इन पुरस्कार प्राप्त प्रविष्टियों को गृह पत्रिका में विभिन्न भाषाओं में प्रकाशित किया गया तथ कम्पनी इकाइयों में, विशेष तौर पर वहाँ जहाँ हानिकारक रसायनों का प्रयोग होता था, प्रदर्शित भी किया गया।

उक्त अभियान के परिणामस्वरूप सभी स्तर के कर्मचारियों का सुरक्षा के प्रति सजगता एवं जागरूकता पर ध्यान केन्द्रित हुआ। यद्यपि इसके लिए कोई विधिवत् अध्ययन नहीं करवाया गया था, किन्तु प्राप्त प्रविष्टियों की संख्या से स्पष्ट होता है कि इस अभियान के परिणामस्वरूप कर्मचारियों में सुरक्षा के प्रति जागरूकता की भावना में वृद्धि हुई।

संचार अंकेक्षक एवं प्रशिक्षण

किसी भी उद्योग के लिए कर्मचारियों का प्रशिक्षण अनिवार्य होता है, क्योंकि नौसिखिये लोगों के भरोसे उद्योग चलाना आत्महत्या के समान होगा। इसके लिए संचार प्रणाली को भी प्रभावशाली बनाना होगा।

एक कम्पनी के प्रशिक्षण विभाग प्रमुख एवं जनसंचार प्रबन्धकों ने मिलकर यह निर्णय लिया कि समस्या के सैद्धान्तिक पक्ष और आन्तरिक संचार प्रणाली की तकनीक पर प्रशिक्षण कार्यक्रम तैयार किया जाये तथा कर्मचारियों को व्यापक

प्रशिक्षण दिया जाये। इसके लिए यदि आवश्यक हो तो बाहरी एजेन्सी की भी सहायता ली जाये। अतः बाहरी एजेन्सी के द्वारा अनेकक स्लाइड्स विषय व्याख्याता के लिए बनवायी गयीं और देश भर में कम्पनी की इकाइयों में प्रशिक्षण प्रारम्भ किया गया।

इसका संचालन और कार्यान्वयन जनसंचार और प्रशिक्षण विभाग के कर्मचारियों ने मिलकर किया। किसी भी संगठन में 'सुचारू संचार प्रणाली कैसी हो', इस भाव पर मुख्यतः ध्यान केन्द्रित किया गया था। इस ध्येय की पूर्ति के लिए कार्यक्रम के अन्त में प्रतिभागियों से एक प्रश्नोत्तरी भरवाई गयी, जिसमें वर्तमान संचार ढाँचे की कमियों और अवांछित प्रचलित तौर-तरीकों पर स्पष्ट उत्तर देने का आग्रह किया गया था।

प्राप्त अनुभव और संचार अंकेक्षण के आधार पर संचार ढाँचे में क्या सुधार किये जायँ और किन नये संचार माध्यमों का प्रयोग किया जाये, इस पर अनुशंसा की गयी। कार्यक्रम के आयोजन से कर्मचारियों के उत्साह और जागृति में वृद्धि हुई। कार्यक्रम से लोगों में प्रवृत्तिगत सुधार हुआ तथा संचार के महत्त्व पर विशेष जागरूकता देखी गयी।

औद्योगिक संकट से निपटना

परिवहन के क्षेत्र में, महत्त्वपूर्ण पुर्जों के उत्पादन में लगी एक फैक्टरी में, एक दल विशेष की नेतागिरी स्थापित करने के प्रयास में हड़ताल हो गयी। उस फैक्टरी में कर्मचारियों में काम के प्रति सन्तोष था तथा यूनियन और प्रबन्धन के मध्य सम्बन्ध भी मधुर थे; किन्तु यूनियन पर एक नये दल का प्रभुत्व, एक राजनेता के नेतृत्व में जो संयोगवश धुरंधर वक्ता था, स्थापित हो गया। इस राजनेता की छवि ही कुछ ऐसी थी कि वह किसी भी बात पर कुछ भी उथल-पुथल करवाने की क्षमता रखता था। एक दिन उत्तर भारतीय प्रबन्धक और दक्षिण भारतीय कर्मचारी के बीच कुछ कहा-सुनी हो गयी। इस घटना को तोड़-मरोड़कर इस प्रकार प्रचारित कर दिया गया कि उस उत्तर भारतीय प्रबन्धन ने दक्षिण भारतीय कर्मचारी को 'दक्षिण भारतीय कुत्ता' कहा। नमक-मिर्च लगाकर कुछ और भी बातें प्रसारित कर दी गयीं और परिणामस्वरूप हड़ताल हो गयी।

कार्यनीति

इस स्थिति से निपटने के लिए 'संचार' को प्रमुख माध्यम के रूप में चुना गया। इसके लिए कर्मचारी और मीडिया को मुख्य लक्ष्य बनाया गया। कर्मचारियों के लिए बुलेटिनों की एक शृंखला प्रसारित की गयी, जिनमें से एक का शीर्षक था—"जब

आप पा सकते हैं तो खोते क्यों हैं'। दूसरे का शीर्षक था- 'जब आप के बारे में सोचें।'' बुलेटिनों के माध्यम से अतिविशिष्ट और प्रभावकारी भाषा में कर्मचारियों को यह सन्देश दिया गया कि उनको जो भी सूचना प्राप्त हुई है वह तोड़-मरोड़कर दी गयी। यहाँ से प्राप्त वेतन देश में अन्य कर्मचारियों को मिलनेवाले वेतन की तुलना में श्रेष्ठ है और गत वेतन पुनर्निर्धारण से देश की अर्थव्यवस्था सुदृढ़ हुई है। इस आशय की अन्य अनेक पर्चियाँ छपवाकर कर्मचारियों को बाँटी गयीं और डाक द्वारा उनके घरों पर भी भेजी गयीं, ताकि वे निर्भीक होकर पढ़ें। हड़ताल समाप्ति में इसका उल्लेखनीय योगदान रहा।

मीडिया में व्याप्त गलतफहमी के लिए प्रेस कॉन्फ्रेन्सों का आयोजन किया गया तथा पत्रकारों को फैक्टरी भ्रमण करवाया गया। सम्पादक के नाम पत्र भी लिखवाये गये। इन प्रयासों के परिणामस्वरूप कुछ समाचार-पत्रों ने सम्पादकीय भी लिखे। इन सबके साथ, यह जानते-समझते हुए कि प्रेस रिपोर्ट और सम्पादकीय का अपना ही प्रभाव होता है, निरन्तर विज्ञापन भी छपवाए गये; क्योंकि इस आन्दोलन के नेता को राजनीतिक प्रभाव के कारण प्रेस में अधिक महत्त्व मिल रहा था।

परिणाम

इन समस्त प्रयासों का यह परिणाम निकला कि कर्मचारियों के दृष्टिकोण में व्यापक परिवर्तन हुआ। सभी कर्मचारी हड़ताल समाप्त कर काम पर लौट आये और फलस्वरूप उत्पादन में वृद्धि हुई। इससे अनुभव प्राप्त कर प्रबन्धन ने कर्मचारियों को निरन्तर सूचनाएँ देने का निर्णय लिया और सभी संचार माध्यमों को सक्रिय बनाया।

जनसंचार : एक समग्र विन्यास

देश में जनसंचार एक स्वतन्त्र प्रबन्ध व्यवस्था के रूप में विकसित होने के बहुत पहले ही टाटा औद्योगिक घराने में इसका विन्यास प्रारम्भ हो गया था। वह घराना जनसंचार विन्यास के पाँच प्रवर्तक के रूप में जाना जाता है। टाटा इस्पात संयन्त्र की स्थापना के पाँच वर्ष पूर्व, सन 1902 में, जमशेदजी टाटा ने अपने पुत्र को एक पत्र में अपने उद्‌गार निम्न शब्दों में व्यक्त किये थे–

"उद्योग नगरी के निर्माण के समय इस बात का विशेष ध्यान रखना कि सड़कें चौड़ी हों तथा उनके दोनों तरफ छायादार वृक्षों की लम्बी-लम्बी कतारें हों। इनमें से कुछ पेड़ तेजी से बढ़नेवाली प्रजाति के हों। इसका भी ध्यान रखना जरूरी है कि इस नगरी में लम्बे-चौड़े लॉन्स और बगीचे हों; साथ ही जन-भावना का सम्मान करते हुए मन्दिरों, मसजिदों और चर्चों के लिए भी स्थान सुरक्षित हो।"

उपर्युक्त चिन्तन, वह भी सन् 1902 में, जमशेदजी के जन-भाव और जनसंचार की दृष्टि से उच्च कोटि का है। टाटा घराने ने इस परम्परा का सतत निर्वाह किया है और अपना यह दृष्टिकोण बनाये रखा है। इसके परिणामस्वरूप टाटा इस्पात कारखाने में दर्शकों से कोई हड़ताल नहीं हुई। यही नहीं, श्रम कल्याण के क्षेत्र में विधान पारित होने या बनने के पूर्व ही टाटा घराने ने काम के आठ घण्टे, मुफ्त चिकित्सा सुविधा, भविष्य निधि और अन्य अनेक कल्याण योजनाएँ लागू कर दी थीं।

इस शृंखला में दूसरा महत्त्वपूर्ण पक्ष प्रभावकारी संचार है। टाटा किसी श्रमिक या कर्मचारी को एक 'श्रमिक इकाई' के रूप में न देखकर उसे एक पूर्ण व्यक्ति के रूप में देखते हैं। टाटा उद्योग के प्रमुखतम स्तंभ रूसी मोदी को उद्धृत करते हुए एक लेखक लिखता है—"वर्षों तक रूसी मोदी प्रबन्ध निदेशक की हैसियत से एक कार्यशाला के बाहर बैठकर कर्मचारियों से याचिकाएँ लेते रहे। इस तरह वे प्रतिवर्ष लगभग 10 हजार याचिकाओं का व्यक्तिशः उत्तर देते थे। अधिकारियों और पर्यवेक्षकों को कम्पनी के सम्बन्ध में उनकी राय या धारणा क्या है, यह व्यक्त करने की पूर्ण स्वतन्त्रता थी। प्रति माह कम्पनी के उपाध्यक्ष वरिष्ठ और मध्यम स्तर के प्रबन्धकों से वार्तालाप करते थे, जिसमें लगभग सभी विषयों पर खुलकर चर्चा होती थी। पर्यवेक्षकों में से कोई भी उपाध्यक्ष से मिल सकता था। यही नहीं, जमशेदपुर कारखाने के 43 हजार श्रमिकों में से कोई भी अपने अधिकारियों के माध्यम से सम्पर्क कर सकता था।"

जमशेदपुर में औद्योगिक शान्ति का उल्लेख करते हुए श्री जे.आर.डी. टाटा ने इसके दो कारण निरूपित किये थे—एक तो यह कि हमारे यहाँ परामर्श का सम्मान और निष्ठापूर्ण निर्वहन तीन स्तरों पर किया जाता है—प्रथम कार्यशाला, द्वितीय सम्भागीय और तृतीय सर्वोच्च प्रबन्धन एवं दूसरा यह कि हम अपने कर्मचारी को पूर्ण समर्थन और सहयोग देते हैं। इनके अतिरिक्त यहाँ अनेकानेक जनसंचार गतिविधियाँ चलती ही रहती हैं जिनमें गृह पत्रिका का प्रकाशन, जॉइण्ट काउन्सिल पर फ़िल्म और वीडियो पत्रिका आदि संचार शृंखला की महत्त्वपूर्ण कड़ियाँ हैं।

जनसंचार सम्बन्धी विशिष्ट शब्दावली

ए.बी.सी.: पत्र-पत्रिकाओं की प्रसार संख्या की जानकारी देने वाली अधिकृत संस्था है। सम्पूर्ण जाँच के बाद यह पत्रों की प्रसार संख्या को प्रमाणित करती है। इसके द्वारा प्रस्तुत आँकड़े विश्वसनीय एवं प्रामाणिक माने जाते हैं। ए.बी.सी. का पूरा नाम 'आडिट ब्यूरो ऑफ सर्क्यूलेशन' है।

एड : विज्ञापन का संक्षिप्त रूप है।

एसाइनमेण्ट : संवाददाताओं को सौंपा गया कार्य।

बैनर : समाचार पृष्ठ के ऊपर लगभग पूरी चौड़ाई का मुख्य शीर्षक बैनर कहलाता है। यह शीर्षक समाचार-पत्र के नाम के नीचे लगाया जाता है। इस बैनर के अन्य प्रचलित नाम हैं—पताका, महाशीर्ष, स्ट्रीमर, रिबन आदि।

बीट : समाचार संकलन के रिपोर्टर का नियमित अथवा प्रमुख कार्यक्षेत्र उसकी बीट कही जाती हैं उदाहरणार्थ उद्योग, वित्त, विदेश मन्त्रालय, संसद, राजनीति, विश्वविद्यालय, पुलिस इत्यादि। इक्सक्लूसिव अथवा स्कूप को भी 'बीट' कहते हैं।

बॉक्स : समाचार-पत्र कार्यालय में कई प्रकार के रोचक व अनोखे समाचार आते हैं, ऐसे समाचारों पर पाठकों का ध्यान आकृष्ट करने के लिए उन्हें प्रायः बॉक्स में दिया जाता है। बॉक्स समाचार सामान्यतः चारों ओर से रेखाओं के द्वारा घिरे रहते हैं। ये समाचार एक अथवा एक से अधिक कॉलम के हो सकते हैं। कुछ समाचार-पत्र बॉक्स समाचारों में ऊपर व नीचे बॉर्डर का प्रयोग करते हैं।

ब्यूरो : समाचार-पत्र प्रकाशन स्थल के अतिरिक्त अन्य शहर में स्थित सम्पादकीय कार्यालय को ब्यूरो कहा जाता है।

बाई लाइन : किसी समाचार अथवा लेख के ऊपर या नीचे उसके लेखक के नाम को बाईलाइन कहते हैं।

कैप्शन : समाचार-पत्रों में प्रकाशित चित्र, कार्टून अथवा नक्शे आदि का विवरण कैप्शन कहा जाता है। कट लाइन तथा कैप्शन के अन्तर को स्पष्ट करते हुए वैस्टले ने लिखा है कि, "कैप्शन किसी भी चित्र आदि पर दिया गया शीर्षक है, जबकि कट लाइन व्याख्यात्मक विवरण।"

प्रसार : समाचार-पत्र के प्रसार का अर्थ उसकी बिक्री हुई प्रतियों से है। प्रसार को प्रायः पाठक संख्या समझ लिया जाता है। पाठक संख्या प्रसार संख्या से कहीं अधिक होती है।

वर्गीकृत : प्रायः विज्ञापनों के रूप में प्रयुक्त या ऐसे छोटे विज्ञापन होते हैं जो सामान्यतः एक कॉलम में दिये जाते हैं। इनके अन्तर्गत मृत्यु की सूचना, वस्तुओं का क्रय-विक्रय, टेण्डर, ट्रेलर, वैवाहिक विज्ञापन आदि दिये जाते हैं।

कॉपीः किसी संवाददाता अथवा संवाद समिति द्वारा प्रेषित, लिखित समाचार को कॉपी कहा जाता है। इसी कॉपी के अनुसार कम्पोजिटर समाचारों को कम्पोज करता है।

क्रेडिट लाइन : समाचार चित्र अथवा ऐसी अन्य सामग्री समाचार-पत्र को प्रेषित करनेवाली समिति का उल्लेख स्रोत के रूप में प्रकट करनेवाली पंक्ति को क्रेडिट लाइन कहा जाता है। प्रायः हम समाचार-पत्रों में देखते हैं कि समाचार-पत्रों में समाचार के साथ तिथि रेखा के बाद कोष्ठक में वार्ता, भाषा आदि लिखा रहता है। यही क्रेडिट लाइन है।

कॉलम समाचार : पत्र के पृष्ठ को प्रायः छह, सात, आठ अथवा नौ लम्बवत् भागों में विभाजित किया जाता है। यह विभाजन कॉलम कहलाता है, जिसके मध्य में समाचारों का प्रकाशन किया जाता है।

कॉलम को स्तम्भ भी कहा जाता है। समाचार-पत्र व पत्रिकाओं में नियमित रूप से प्रकाशित कॉलम भी स्तम्भ कहे जाते हैं; जैसे—'पुस्तक समीक्षा', बात-करामात' (राज पत्रिका)', 'प्रतिदिन' (नवभारत टाइम्स), 'राग दरबारी' (दैनिक भास्कर) आदि।

कॉलमनिष्ट : समाचार-पत्रों के विशेष स्तम्भों के लेखक को 'स्तम्भ लेखक' या 'कॉलमनिष्ट' कहते हैं।

कब : पत्रकारिता के क्षेत्र में पदार्पण करनेवाले अप्रशिक्षित रिपोर्टर 'कब' कहे जाते हैं।

आवरण पृष्ठ : किसी एक विषय के विविध पहलुओं की विस्तृत जानकारी से युक्त आलेख आवरण कथा कहे जाते हैं। इन आवरण कथाओं से सम्बन्धित विशेष चित्र तथा शीर्षक आवरण पृष्ठ भी दिये जाते हैं।

कर्टेन रेजन : इसे परिप्रेक्ष्य समाचार भी कहते हैं। भावी घटना या समाचार की पृष्ठभूमि इस प्रकार के समाचारों में दी जाती है। उदाहरणार्थ, एशियाड, गुटनिरपेक्ष राष्ट्रों के सम्मेलन, महत्त्वपूर्ण नेताओं की यात्राएँ आदि पर इस प्रकार के समाचार दिये जाते हैं।

तिथि रेखा : समाचार प्रेषण का स्थान व दिनांक। तिथि रेखा के साथ ही सूत्र या स्रोत का भी उल्लेख किया जाता है। कभी-कभी बाई लाइन अलग से भी दी जाती हैं।

डाक संस्करण : दूर-दराज के क्षेत्रों में भेजा जानेवाला वह संस्करण, जिसमें प्रायः पूर्व दिन के अन्तिम संस्करण के समाचार होते हैं।

डी.ए.वी.पी. : विज्ञापन एवं दृश्य प्रचार निदेशालय का संक्षिप्त रूप।

डेट लाइन समाचार : पत्र के किसी संस्करण का वह समय जिसके पूर्व उसमें प्रकाशन के लिए कॉपी अवश्य प्रेषित कर दी जानी चाहिए। यह समाचार-पत्र के पृष्ठों तथा संस्मरणों के अनुसार अलग-अलग निर्धारित रहता है।

डमी, डमी समाचार : पत्र या पत्रिका का ऐसा रेखाचित्र, जो यह प्रदर्शित करता है कि समाचार-पत्र में समाचार, विज्ञापन, चित्र आदि का प्रकाशन कहाँ तथा किस प्रकार होगा।

संस्करण : समाचार-पत्रों के अनेक संस्करण हो सकते हैं, यथा—नगर संस्करण, डाक संस्करण आदि। समाचार-पत्र का एक ही दिन का व एक बार का सम्पूर्ण समाचार-पत्र उसका संस्करण कहलाता है। प्रथम पृष्ठ सहित कुछ पृष्ठों में परिवर्तन किया जाता है।

सम्पादकीय : समाचार-पत्र का यह प्रमुख स्तम्भ होता है। इसे पत्र का मुख्य लेख भी कहते हैं। वास्तव में सम्पादकीय समाचार-पत्र का विचार-प्रधान स्तम्भ है, जिसमें सामयिक घटनाओं से सम्बन्धित प्रश्नों पर सम्पादक पत्र-नीति के अनुरूप विचार और टिप्पणी प्रकाशित करता है।

सम्पादकीय पृष्ठ : सम्पादकीय पृष्ठ वह पृष्ठ होता है जिसमें सम्पादकीय के अतिरिक्त विशेष लेख तथा विशिष्ट स्तम्भ प्रकाशित किये जाते हैं।

एम्बार्गो : समाचार-पत्रों को कभी-कभी समाचार पहले ही दे दिया जाता है; किन्तु इसके साथ ही यह अनुरोध भी कर दिया जाता है कि उस समाचार का प्रकाशन एक निश्चित तिथि और समय से पूर्व नहीं किया जाये। यह अनुरोध ही 'एम्बार्गो' कहलाता है।

एक्सक्लूसिव : पत्रकारिता जगत में इसका आशय ऐसे समाचारों और सूचनाओं से है जो अन्य किसी समाचार-पत्र में प्रकाशित नहीं हुई हो।

फाइल : संवाददाता अथवा समाचार समिति द्वारा प्रेषित समाचारों को समाचार फाइल करना कहा जाता है।

फीचर : समाचार-पत्रों में समाचारों के अतिरिक्त कुछ विशेष प्रकार के लेख प्रकाशित होते हैं जो रोचक, मनोरंजक, भाव-प्रधान और मानवीय रुचि से ओत-प्रोत

होते हैं। मन की संवेदनाओं और अनुभूतियों को छूने वाले विशेष लेख फीचर कहे जाते हैं।

फ्लैश : किसी समाचार समिति द्वारा अत्यन्त महत्त्वपूर्ण घटना की संक्षिप्त सूचना 'फ्लैश' कही जाती है। इस प्रकार की सूचना सामान्यतः एक वाक्य में ही दी जाती है तथा घटना का पूर्ण विवरण बाद में भेजा जाता है। इस प्रकार के समाचार प्रेषक का लाभ यह होता है कि डेस्क को इस बात का पता चल जाता है कि यह एक अत्यन्त महत्त्वपूर्ण समाचार है, अतः उसके लिए आवश्यक तैयारी कर ली जाती है।

फिलर : किसी कॉलम की पूर्ति के लिए कभी-कभी छोटे-छोटे समाचार दे दिये जाते हैं। छोटे अनुच्छेदों के ये समाचार फिलर कहलाते हैं।

फॉलो-अप : किसी समाचार के बारे में नयी जानकारी प्राप्त करने का प्रयास करना समाचारों का अनुवर्तन करना कहा जाता है।

चौथी सत्ता : इस शब्द का प्रयोग पत्रकारिता के लिए किया जाता है। ब्रिटेन के राजनीतिज्ञ वर्क ने इस शब्द का प्रयोग किया था। इसकी तीन अन्य सत्ताएं हैं—व्यवस्थापिका, कार्यपालिका तथा न्यायपालिका।

फ्री लांस : ऐसा पत्रकार जो किसी समाचार-पत्र या पत्रिका में नियमित रूप से कार्य नहीं करता है, किन्तु लेखन के आधार पर अनेक पत्रों से जुड़ा रहता है।

घोस्ट राइटर : छद्‌म नाम से लिखने वाले लेखक को घोस्ट राइटर कहा जाता है।

हैंड आउट : प्रचारात्मक लिखित साहित्य हैंड आउट कहा जाता है। ये हैंड आउट सामान्यतः सरकारी विभागों, निजी एवं सरकारी प्रतिष्ठानों तथा अन्य सस्थाओं द्वारा जारी किये जाते हैं। इनका मुख्य उद्‌देश्य अपनी गतिविधियों से जनता को सूचित करना है।

हार्ड न्यूज : विश्लेषण व्याख्या-रहित तथ्यात्मक समाचार।

आई.एन.एस. : समाचार-पत्र मालिकों का संगठन। इनका पूरा नाम इंडियन न्यूज पेपर सोसाइटी है।

आई.एफ.डब्ल्यू.जे. : अखिल भारतीय श्रमजीवी पत्रकार संघ का संक्षिप्त रूप।

आई.आई.एम.सी. : भारतीय जनसंचार संस्थान का संक्षिप्त रूप।

इन्फा: इंडियन न्यूज एंड फीचर अलाइंस का संक्षिप्त रूप।

इंट्रो : समाचार का प्रारम्भिक मुख्य अंश इंट्रो कहा जाता है।

इश्यू : एक दिन के समाचार-पत्र। इसमें अनेक संस्करण शामिल होते हैं।

ले-आउट : समाचार-पत्र में टाइप-चित्र, समाचार आदि के स्वरूप को प्रदर्शित करनेवाला प्लान।

लीड : समाचार-पत्र का प्रथम अनुच्छेद लीड कहा जाता है। समाचार-पत्र के प्रथम पृष्ठ के सर्वाधिक महत्त्वपूर्ण समाचार को बाई और दिया जाता है तथा द्वितीय लीड का समाचार, जो अपेक्षाकृत कम महत्त्व का होता है, दाईं ओर दिया जाता है।

लैड : लैड शीशे की बनी वह पत्ती होती है जो कम्पोज की गयी पंक्तियों के मध्य कुछ स्थान देने के लिए डाली जाती है। लैड टाइप की ऊँचाई से जरा सी नीची होती है। आजकल इसका उपयोग समाचार-पत्रों की छपायी के समय नहीं होता, क्योंकि कम्प्यूटर का जमाना है।

अग्रलेख : समाचार-पत्र के सम्पादकीय पृष्ठ का प्रमुख लेख लीडर कहा जाता है। प्रथम सम्पादकीय को भी लीडर कहते हैं। यह सम्पादक की विचार अभिव्यक्ति का नियमित कॉलम है।

मास्ट हैड : समाचार-पत्र के सम्पादकीय पृष्ठ पर समाचार-पत्र के स्वामित्व, प्रकाशन स्थल तथा प्रबन्धन आदि का विवरणमास्ट हैड कहा जाता है। भ्रमवश इसे पत्र की नामपट्टिका अथवा फ्लैग समझ लिया जाता है।

मेक-अप : समाचार-पत्र का भौतिक स्वरूप तथा पत्र के पृष्ठ पर समाचारों, चित्रों आदि की मनोहारी सज्जा।

एन.यू.जे. : राष्ट्रीय पत्रकार संघ का संक्षिप्त नाम।

संवाद समिति : समाचारों का संग्रह कर उनको बेचने वाला संगठन।

नोस फॉर न्यूज : समाचार प्राप्त करने की क्षमता।

न्यूज सेंस : समाचारों को परखने की क्षमता।

ऑफ द रिकार्ड : जो तथ्य, बात अथवा वक्तव्य प्रकाशन के लिए नहीं कहा जाये, उसे ऑफ द रिकार्ड कहा जाता है।

पी.टी.आई : प्रेस ट्रस्ट ऑफ इण्डिया नामक भारतीय समाचार समिति।

पी.आई.बी. : पत्र सूचना कार्यालय।

पूल : गुटनिरपेक्ष राष्ट्रों का समाचार-पुंज।

पी.आर. (पब्लिक रिलेशन्स) : जनसम्पर्क।

पी.आर.ओ. : जनसम्पर्क अधिकारी।

उद्धरण : वक्ता के वक्तव्य को ज्यों-का-त्यों प्रस्तुत करना।

रायटर : ब्रिटेन की समाचार समिति।

रीडरशिप : पाठक संख्या अथवा किसी पत्र के कितने पाठक हैं। इसे प्रायः प्रसार संख्या समझ लिया जाता है। किसी पत्र की पाठक संख्या उसकी प्रसार संख्या से अधिक होती है।

रिलीज : प्रेस विज्ञप्ति अथवा हैण्ड आउट।

रीराइट : किसी समाचार का उचित संपादन कर उसे पुनः लिखना।

स्कूप : किसी पत्रकार द्वारा ऐसी मुख्य स्टोरी प्राप्त करना, जो दूसरा प्राप्त न कर पाया हो। यह एक प्रकार की एक्सक्लूसिव स्टोरी होती है।

स्पॉट न्यूज : ऐसे समाचार जिनके बारे में पहले से कोई जानकारी न हो। इन्हें अप्रत्याशित समाचार भी कहते हैं। जैसे- हत्या, दुर्घटना आदि के समाचार।

स्टोरी : किसी भी घटना अथवा वस्तु का पत्रकार द्वारा दिया गया विवरण, जिसे हिन्दी में समाचार कहा जाता है। इसका तात्पर्य किसी कहानी आदि से नहीं है।

स्ट्रिंगर : समाचार-पत्रों के वे अंशकालिक संवाददाता, जिन्हें समाचारों के प्रकाशन के स्थान के आधार पर पारिश्रमिक दिया जाता है।

स्लाण्ट : किसी समाचार को विशेष दृष्टि से प्रकाशित करना।

टीयर शीट : विज्ञापनदाताओं के पास प्रमाण के लिए भेजा जानेवाला वह पृष्ठ, जो समाचार-पत्र में से फाड़कर ही भेजा जाता है।

यू.एन.आई. : यूनाइटेड न्यूज ऑफ इण्डिया नामक भारतीय समाचार समिति। हिन्दी में इसे यून्यू लिखा जाता है।

पीत पत्रकारिता : चरित्र-हनन, सनसनीखेज तथ उत्तेजक पत्रकारिता के लिए प्रयुक्त शब्द।

सन्दर्भ ग्रंथ सूची

1. THE CHALLENGE OF PUBLIC RELATIONS by C K Sardana, 1995, Second and Revised Edn. 2013, New Delhi, Har-Anand Publications Pvt. Ltd.
2. Public Relations in India, J.M.Kaul, Naya Prokash, Calcutta
3. APPLIED PUBLIC RELATIONS IN THE INDIAN CONTEXT edited by C K Sardana, 1999, New Delhi, Har-Anand Publications Pvt. Ltd.
4. Management of Public Relations and Communication, Sailesh Sen Gupta, Vikas Publishing House, New Delhi
5. JANSANCHAR -- KAL, AAJ AUR KAL, By C K Sardana & K S Mehta, Delhi, Gyan Ganga. Awarded as the outstanding book on Mass Communication in Hindi by Sahitya Academy.
6. Public Relations and Corporate Communication, Neemo Dhar, MCU Publication, Bhopal
7. THE CHALLENGE OF PUBLIC RELATIONS by C K Sardana,. Kannada Edition published by Institute of Media Studies & Research, Bengaluru;s 2016.
8. Effective Public Relations, By Cuttlip and Center, Prentice Hall of India, New Delhi
9. Jansamvaad -- Kal, Aaj aur Kal by C K Sardana Marathi Edn. published by Uruwela Prakashan, Hingoli (Maharashtra), 2016
10. लोकसम्पर्क, राजेन्द्र, हरियाणा ग्रंथ अकादमी, चंडीगढ़
11. भारत में जनसम्पर्क, डॉ. बलदेवराज गुप्ता, विश्वविद्यालय प्रकाशन, वाराणसी
12. Public Relations- A Scientific Approach, SCOPE Publication.
13. Applied Public Relations; K.R.Balan, S.Chand Publications.

•••